MANUAL DE SEGURIDAD MEDIOS TECNOLÓGICOS

Rafael Darío Sosa González

RAFAEL DARÍO SOSA GONZALEZ

Oficial de la reserva activa del Ejercito Nacional. Después de su retiro ha desempeñado los siguientes cargos: Director de seguridad COLTANQUES , Gerente SAFE GUARD PROTECTION DEFENSA CIVIL Zona Industrial las Granjas, Director de seguridad en Servicios INDUSTRIAS ARETAMA ,Docente Instituto de seguridad Latinoamericana (INSELA-ECOSEP), Asesor Área Capacitación en Seguridad ADRIH LTDA, Asesor de Seguridad en Empresas como: Pollo Fiesta Ltda., Seguridad ATLAS Y TRANSPORTE DE VALORES ATLAS, Gerente(Propietario)Escuela Nacional Vigilante y Escoltas ESNAVI LTDA.

Entre los estudios realizados: Diplomado en Seguridad Empresarial, Diplomado en Gestión de la Seguridad , Maestría en Seguridad y Salud Ocupacional, Liderazgo Estratégico en Dirección, Gerencia Estratégica en Servicio al Cliente, curso de Seguridad Electrónica, Curso Basic Voice Store Análisis.

CONTENIDO

INTRODUCCIÓN

La seguridad integral está constituida por tres tipos de medios que deben aunarse como partes integrantes de un todo.

• Medios Humanos: constituidos por el personal de seguridad, tanto Pública, Institucional y/o Privada.

• Medios Técnicos: pasivos o físicos; activos o electrónicos.

• Medios Organizativos: planes, normas, estrategias.

En esta obra nos centraremos en los Medios Técnicos, los pasivos o seguridad física y los activos o seguridad electrónica.

De los numerosos agentes externos causantes de daños o pérdidas (naturales, químicos, antisociales, etc.) analizaremos sólo aquellos que van dirigidos contra los bienes y el patrimonio de forma intencionada

SEGURIDAD TÉCNICA

La creciente inseguridad que hoy se vive, ha generado la necesidad de formar un hombre con alta calidad técnica y sólidos principios morales para que esté en capacidad de brindar protección a las personas, a los bienes y a las instalaciones con el apoyo de la seguridad técnica.

Es relevante conocer las diferentes alarmas, circuitos cerrados de televisión, control de acceso, detectores perimétricos, etc. para su manejo y adaptación.

Los principales objetivos son:

• Identificar los diferentes campos de la vigilancia técnica.

• Desarrollar el sentido de la integración con la seguridad técnica.

• Manejar los equipos de seguridad técnica.

Hoy por hoy, nos enfrentamos a la integración de la seguridad técnica con la vigilancia, debido a la presencia masiva de todo tipo de alarmas y detectores que co-ayudan a la prestación del servicio de vigilancia en las diferentes empresas, por tal razón, el vigilante de hoy debe conocer los diferentes diseños de la seguridad técnica y para que nos beneficia.

Es de anotar que la seguridad técnica por sí sola no puede prestar la seguridad, se requiere del factor humano, tanto para el manejo como para la reacción en contra de la amenaza.

¿Que es seguridad Técnica o Electrónica?

Esta parte de la seguridad es vista como el área que presta herramientas de última tecnología para ayudar a completar las otras áreas de seguridad. En esta área se puede encontrar tanto como usted necesite, ya que hay desde un simple controlador eléctrico para picaportes que se pone en una puerta con un pulsador cualquiera, hasta un scanner ocular para control de retina color y forma de un ojo. Es importante mencionar que el mercado de seguridad es muy grande en el mundo, por lo que en tecnología no se queda atrás y las opciones están para que usted; acorde a su presupuesto, se ayude de ellas para estar bien protegido.

Los Sistemas de Seguridad Electrónica.

En la implementación de sistemas integrales de seguridad financiera, la seguridad electrónica es el complemento natural de la seguridad física. La importancia de los Sistemas de Seguridad Electrónica, radica en que se sustenta en el uso de alta tecnología aplicada a la seguridad y soportada en un adecuado diseño, instalación e interconexión, de modo tal, que permita obtener una alerta temprana de los eventos generados en las instalaciones, en el momento en que están siendo vulneradas por personas no ajenas a la organización. De igual modo para los sistemas de Circuito Cerrado de Televisión (CCTV), su importancia está dada por la funcionalidad del registro de imágenes en el momento en el que ocurren los acontecimientos, ya sea en medios magnéticos u ópticos, los cuales pueden ser consultados en el momento en el que se producen, o posteriormente para identificar con mayor detalle lo que se desee sobre las imágenes grabadas por estos sistemas, apoyados en equipos informáticos.

A la Seguridad Electrónica hay que tomarla como un recurso que existe para utilizarlo siempre que se esté haciendo un programa de aseguramiento de un área o persona específica, ya que sus alternativas son tantas que mencionarlas sin saber el lugar y el presupuesto se torna un tanto falaz, por lo que esté seguro que en una asesoría de utilizaremos esta herramienta para que usted esté bien protegido.

Importancia de la Seguridad Electrónica

Los criterios que fundamentan el porqué son importante y necesaria la implementación Sistemas de Seguridad, son los siguientes: Siempre existen actividades no previstas, y si lo están, siempre se presentan imprevistos: Desde una remodelación de instalaciones efectuado por personal que no necesariamente conoce de sistemas de seguridad, condiciones climáticas variables o extremas que pueden alterar el correcto funcionamiento de los equipos y dispositivos, hasta sabotajes e intentos de intrusión. 2. Son nuestros ojos y oídos las 24 horas del día, los 7 días de la semana: La tecnología ha logrado un gran desarrollo, permitiendo contar en la actualidad con equipos y dispositivos de seguridad confiables, facilitando la tarea de control y supervisión, manteniéndonos informados de lo que ocurre en nuestras instalaciones aun cuando no estemos presentes.

Los Medios Técnicos Pasivos, Seguridad Física

Los medios técnicos pasivos están enfocados a disuadir, detener o al menos, retardar o canalizar la progresión de la amenaza. El incremento del tiempo que estos elementos imponen a la acción agresora para alcanzar su objetivo resulta, en la mayoría de las ocasiones, imprescindible para que se produzca en tiempo adecuado la alarma-reacción.

El conjunto de medios pasivos constituye lo que se denomina seguridad física, que está constituida por:

• Elementos de carácter estático y permanente, que pueden conformar el cerramiento de la instalación a proteger y suponen el primer obstáculo que se presenta para la penetración de intrusos formando lo que denominamos la protección perimetral (vallas, cercados, setos, etc.).

• Otros elementos también estáticos, que impiden el acceso al propio edificio principal o núcleo de seguridad, formando lo que denominaremos protección periférica (puertas, rejas, cristales, etc.).

• Por la protección del bien, que la constituyen recintos o habitáculos cerrados (cajas fuertes, cámaras acorazadas, etc.).

2 LOS MEDIOS PASIVOS

Dentro de este apartado incluimos las puertas y barreras que conforman el control de acceso de la protección perimetral, que pueden ser:

• Puertas o cancelas pivotantes (abatible, vaivén, giratoria).

• Puertas suspendidas:

• Basculantes (rígida, articulada).

• Cierre enrollable (lamas, ondulada, malla, tubular).

• Guillotina (ascendente, bidireccional, descendente).

• Seccional (elevación, apilable, superpuesta, telescópica, vertical).

• Puertas y cancelas deslizantes:

• Corredera (curva, recta y tangente).

• Extensible (telescópica, plegable, reja extensible, plegable

Compuesta).

• Mixtos.

• Muro más alambrada

• Otros.

De diversos tipos: concertina de fibra óptica, vegetación natural o plantada, topografía del terreno con obstáculos naturales (ríos) o artificiales (fosos, puentes, etc.).

Un cerramiento debe tener una altura mínima aconsejable de 3 metros.

a. Protección Perimetral

Los principales elementos que la conforman son los constituidos de:

• Mampostería: cerramientos realizados con materiales de albañilería: muros y paredes.

• Metal: cerramientos realizados por medio de cercas metálicas, verjas, vallas, alambradas acodadas en la parte superior, concertinas de alambre dentado, etc.

Tanto los muros como las vallas pueden estar complementadas en su parte superior por un sistema de bayonetas en su modalidad de simple o doble, que dificultará la coronación de aquellos por su parte posterior.

En objetivos de un nivel de riesgo elevado, se debe instalar un doble vallado perimetral paralelo, cuya distancia entre ambos no debe ser inferior a 6 metros.

En el pasillo interior a ambos cerramientos se pueden instalar algunos elementos electrónicos del sistema de seguridad activa.

Los accesos a través de los cerramientos perimetrales se deberán realizar mediante puertas motorizadas con apertura a distancia.

Si el cerramiento es sencillo, se deberá instalar una barrera simple a continuación de la puerta motorizada, para facilitar el control de vehículos.

Si el cerramiento es doble, se deberá instalar un sistema de esclusas de acceso, con doble puerta motorizada y conmutación de apertura entre ambas, de modo que sea imposible abrir una de ellas mientras permanezca abierta la otra.

En estos cerramientos perimetrales, tanto si son sencillos como dobles, deben existir puertas peatonales para evitar aperturas continuadas de las puertas motorizadas, en el supuesto de paso de personal.

Barreras de detención de vehículos

Consisten en una serie de elementos activables por control remoto o bien automático, y que protegen ciertas instalaciones contra el ataque producido por un vehículo, cargado de explosivos, lanzado contra las citadas instalaciones con la finalidad de producir la explosión al contacto con los muros de instalación.

Estas barreras, a menudo escamoteables, se interponen entre la instalación y los accesos a la misma, activándose a través de célula fotoeléctrica o bien, a distancia cuando no se cumple la señal de alto en controles próximos a dichos edificios.

Existen diferentes tipos y modelos, siendo las más normales aquellas consistentes en placas metálicas que se elevan ante una señal determinada, bloqueando el vehículo a una distancia Prudencial de la zona a proteger para evitar o minimizar los efectos de la posible explosión.

Pero también se pueden utilizar elementos decorativos, como grandes jardineras, columnas metálicas, vallas, etc. como barreras de detención de vehículos.

b. Protección Periférica

Los principales elementos que conforman la protección periférica de los huecos normales de la periferia de un edificio, es decir: puertas, ventanas, claraboyas y lucernarios. Podemos señalar:

Puertas. Instaladas en los puntos principales de acceso al edificio o establecimiento. Según la seguridad que proporcionen, podemos distinguir:

• De seguridad.

• Blindadas.

• Acorazadas.

• De seguridad:

Responden a un nivel básico de protección y se corresponden con la necesidad de dar seguridad a un número elevado de recintos.

• Blindadas: representan un nivel medio-alto de protección, siendo frecuente su empleo en la seguridad de áreas restringidas de todo tipo. Muy empleadas en seguridad mercantil y domiciliaria.

• Acorazadas: representan el nivel más alto de protección física de accesos, empleándose normalmente en cámaras acorazadas, cámaras de cajas de alquiler, determinadas cajas fuertes, recintos contenedores de altos valores y ciertas áreas de muy alto riesgo.

• Instalación de sistemas de esclusas en dichos puntos de acceso, de forma que no pueda accederse directamente al interior. Suelen ser unidireccionales

Esclusa es el conjunto de elementos fijos y móviles que forman un sistema de control de accesos para personas, vehículos u objetos bajo condiciones específicas de seguridad, caracterizado por la existencia de dos puertas accionadas por un sistema que evite la apertura de ambas a la vez, excepto en situaciones de emergencia.

Las esclusas en función de su aplicación, velocidad de funcionamiento, número de personas a circular, espacio disponible, organización de la actividad, etc. presentarán una disposición diferenciada que se centra principalmente, en base al sentido de paso, en los tipos siguientes.

• Unidireccional lineal.

• Bidireccional lineal.

• Unidireccional angular.

• Bidireccional angular.

• Unidireccional lineal y angular.

• Bidireccional lineal y angular.

Estas configuraciones básicas pueden combinarse entre sí o bien incorporarse elementos auxiliares como: arco detector de metales, puertas anti pánico, detectores de armas y/o explosivos, compartimentos para la custodia de armas, bandejas pasa documentos, etc.

• Cristales blindados en ventanas, al menos, aquellos despachos sujetos a un riesgo especial, y del nivel que se considere conveniente.

Existe una clasificación de blindajes transparentes o tras- lúcidos establecidos por la norma UNE 108-131 (primera parte) según la cual se dividen en dos categorías, A y B según que sean resistentes a cartuchería de armas ligeras, con cinco niveles de resistencia, o a armas de caza con cuatro niveles, respectivamente.

También existe otra clasificación en categoría A y B, sin señalar niveles, para resistencia a ataques manuales (piedras, cócteles molotov, etc.)

• Rejas y contraventanas instaladas en las

Ventanas, especialmente en aquellas de mayor accesibilidad, y en algunas claraboyas y lucernarios.

• Rejillas y emparrillados protectores de huecos necesarios de ventilación.

Este conjunto de elementos no son los únicos posibles, ni necesariamente deberán instalarse todos en todos los objetivos.

En cada caso se elegirán aquellos que se consideren más necesarios de acuerdo con la naturaleza del mismo y con la clase de riesgos a que puede estar expuesto.

c. Protección del bien

En este apartado se deben incluir:

• Cajas fuertes. Hay una gran variedad en el mercado en cuanto a tamaños y sistemas de apertura. Pueden ir ancladas, empotradas o sobrepuestas. Se presentan con combinación digitales y/o mecánicas.

Se establece una clasificación en base al volumen interior en litros que se designa mediante letras minúsculas que van desde a) a la e) en sentido ascendente.

Y otra clasificación en base al grado de seguridad que se designa mediante letras mayúsculas que van desde la A hasta la F en sentido ascendente.

• Cámaras acorazadas. Construidas conforme a. especificaciones reguladas reglamentariamente. Disponen de un acceso que puede tener dispositivo de bloqueo y estar temporizado.

Sus componentes fundamentales son:

• El muro acorazado.

• La puerta acorazada.

•Trampón acorazado; éste opcional que permita la evacuación del recinto protegido en circunstancias especiales y conectado directamente con la central de alarmas, utilizando sistemas independientes de alarma y autónomo.

Se establece una clasificación en base al volumen interior en litros que se designan mediante letras minúsculas que dan desde la a) a la e) en sentido ascendente.

Y otra clasificación en base al grado de seguridad que se designa mediante letras mayúsculas que van desde la A hasta la F en sentido ascendente.

d. Fiabilidad

La fiabilidad de un sistema de protección, es el grado de confianza que otorga el mismo en el cumplimiento de la misión para la que se ha establecido.

Viene determinada por los siguientes parámetros:

• Seguridad de reacción.

• Seguridad de falsas alarmas.

• Vulnerabilidad al sabotaje.

Considerando cada uno de ellos en un sistema pasivo de seguridad, podemos establecer lo siguiente:

• Seguridad de reacción. Por sí solos, los elementos que componen este tipo de sistema proporcionan tiempo y espacio para la reacción, especialmente los que constituyen el cierre perimetral de la instalación, al estar situados lejos de ella.

• Porcentaje de falsas alarmas. Las alarmas provenientes de estos elementos nos vendrán transmitidas por los elementos activos que se sitúen en ellos para complementarlos, pero no por los propios elementos pasivos.

• Vulnerabilidad al sabotaje. Puede ser alta, al constituir la protección más alejada del centro de control. Disminuirá en razón al complemento de elementos activos que se hayan situado, así como por los puestos de vigilancia establecidos.

e) en sentido ascendente.

Y otra clasificación en base al grado de seguridad que se designa mediante letras mayúsculas que van desde la A hasta la F en sentido ascendente.

Medios Técnicos Activos, Seguridad Electrónica

La función de los medios activos es la de alertar local o remotamente de un intento de violación o sabotaje de las medidas de seguridad física establecidas.

El conjunto de medios activos constituye lo que se denomina seguridad electrónica. Pueden utilizarse de forma oculta o visible.

3 SEGURIDAD ELECTRÓNICA

Sus funciones principales son:

• Detección de intrusos en el interior y en el exterior.

• Control de accesos y tráfico de personas, paquetes, correspondencia y vehículos.

• Vigilancia óptica por fotografía o circuito cerrado de televisión.

• Intercomunicación por megafonía.

• Protección de las comunicaciones.

Un sistema electrónico de seguridad está formado por un conjunto de elementos electromecánicos y/o electrónicos relacionados entre sí por una adecuada instalación, que, a través de la información que nos proporcionan, contribuyen al incremento del nivel de seguridad de un determinado entorno.

De una manera esquemática, un sistema electrónico de seguridad consta de los siguientes elementos:

• Red.

• Fuente de alimentación.

• Equipo de seguridad.

• Detectores.

• Señalizadores o avisadores.

La energía de alimentación representa el elemento de activación del sistema, por lo que se debe disponer de una fuente de alimentación, que automatice el sistema ante posibles faltas de suministro casuales o intencionadas. Esto se logra por medio de acumuladores de energía y baterías (SAI, sistema de alimentación independiente).

El equipo de seguridad es el cerebro de todo el sistema. Recibe los impulsos de los detectores y, tras analizarlos, los transforma oportunamente en señales que envía a los señalizadores o avisadores locales y/o remotos.

Los detectores son dispositivos colocados tanto en el exterior como en el interior de objetivos con riesgo de intrusión, con la misión de informar a la central de las variaciones del estado ambiental de la zona que están protegiendo, indicando, por tanto, la intrusión en dichos objetivos.

Los señalizadores o avisadores representan una parte de vital importancia del sistema, puesto que si se consuma un intento de intrusión, se deberá conocer adecuadamente lo que está sucediendo y dónde está sucediendo, para poder reaccionar con eficacia.

Detectores

Son los componentes básicos del sistema electrónico de seguridad. Son los iniciadores de la alarma y su función, es vigilar un área determinada, para transmitir una señal al equipo de seguridad, cuando detecta una situación de alarma.

Los detectores se dividen, en función de su uso, en:

• Detectores de uso interior.

• Detectores de uso exterior.

Su elección dependerá del área a controlar y del previsible agente causante de la intrusión. En función de estos dos parámetros, el director de Seguridad decidirá cual se ajusta a su Plan de Seguridad.

Causas desencadenantes que activan un detector de intrusión

• Movimiento del intruso.

• Desplazamiento del detector.

• Presión sobre el detector.

• Rotura del objeto protegido.

• Vibración.

• Detectores de uso interior. Como su propio nombre indica, son los situados en el interior del local, instalación o estable- cimiento a proteger.

En función de su ubicación y de la causa desencadenante de la alarma podemos subdividirlos en detectores "de penetración" y "volumétricos".

Los detectores de penetración controlan el acceso del intruso a través de las aberturas existentes en las paredes que limitan la zona a vigilar, generalmente sus fachadas.

Se consideran aberturas tanto los huecos previstos para puertas, ventanas, etc., como las superficies cuya resistencia sea sensiblemente inferior a la usual de la construcción (acristalamientos, tragaluces, etc.).

Detectarán, por tanto, la apertura de los dispositivos practicables, así como la rotura de los elementos constructivos normalmente solidarios al muro o pared, antes de que se produzca la intrusión.

Los detectores volumétricos están diseñados para captar el desplazamiento de un intruso a partir de las perturbaciones que origina dicho desplazamiento en las condiciones ambientales de volumen protegido.

Los de interiores se usan para recintos cerrados y los de exteriores para la intemperie.

Su diferencia no está solo en que carcasas han de soportar las inclemencias de la intemperie, en un caso sí y en otro no, sino por la capacidad de distinguir entre las variaciones ambientales (no provocadas por el intruso dando lugar a falsas detecciones) y las situaciones de intrusión real.

La clasificación dentro de ellos se debe a las diferentes formas de sus áreas de cobertura.

<u>Puntuales:</u> aquellos que protegen un punto (por ejemplo la apertura de una puerta).

<u>Lineales:</u> aquellos que protegen una línea de puntos (por ejemplo, un pasillo).

<u>Superficiales</u>: aquellos que protegen una superficie (por ejemplo, un cristal).

<u>Volumétricos</u>: aquellos que protegen un volumen (por ejemplo, una habitación).

DETECTORES DE INTERIOR. CLASIFICACIÓN		
PUNTUALES	Contactos Magnéticos Contactos Mecánicos	
LINEALES	Rayos infrarrojos Contactos en hilos	

SUPERFICIALES	Inerciales	Péndulo Masa Mercurio
	Piezoeléctricos	Inerciales Piezoeléctricos Sin contacto
	Alfombras de presión	
	Redes conductoras	
VOLUMÉTRICOS	Microondas Ultrasonidos Sonido Luz Capacitivo	

<u>Detectores para interiores:</u> Funcionamiento.

<u>Puntales.</u>

Contactos magnéticos:

Son los dispositivos compuestos de dos piezas enfrentadas, la ampolla red (dos láminas flexibles dentro de una ampolla de cristal al vacío que forman el contacto N.C. o N.A.) y a cuyos extremos están soldados los hilos que forman el bucle de detección y un imán permanente cuyo campo magnético ejerce una fuerza magnética sobre los citados contactos cuando ambas piezas están enfrentadas. Si se modifica la situación relativa de las mismas el campo magnético dejará de ejercer su acción sobre los contactos cerrándose o abriéndose según sea de tipo N.A. o N.C. Este cambio puede considerarse como una alarma.

Se utiliza para detectar la apertura de puertas, ventanas y desplazamientos de objetos portátiles, instalándose la pieza que contiene los contactos en la parte fija y el imán en la móvil.

Su principal ventaja es su simplicidad de instalación, su bajo costo y bajo nivel de falsas alarmas. Presenta, no obstante, el inconveniente de que podría producirse la intrusión a través de la zona protegida, puerta o ventana, sin necesidad de abrirla, por ejemplo a través de ella.

Contactos mecánicos:

•	Se definen como aquellos que se fundamentan en contactos eléctricos con reposición. El ejemplo más claro es el interruptor colocado entre el cerco y la hoja de la puerta de un armario.

•	Normalmente se utilizan en aquellos casos donde no existe espacio disponible para la instalación de un imán de un contacto magnético. Tal sería el caso de un detector que quisiera instalarse dentro de un cerradero para saber cuándo se desactiva una cerradura.

- Tiene el mismo inconveniente que el contacto magnético y prácticamente las mismas ventajas

- Lineales.

Barrera de rayos infrarrojos:

Es un detector que consta de un transmisor y un receptor entre los que se establece un haz (no visible) de infrarrojos. La interrupción de este haz provoca la alarma.

El haz de infrarrojos no es totalmente lineal, sino que tiene una cierta dispersión. Es conveniente instalar barreras compuestas de transmisor-receptor uno a uno. La distancia máxima alcanzada es de 300 m.

Se utilizan en aquellos casos cuyo espacio protegido es largo y estrecho, por ejemplo un pasillo donde existen varias puertas, o bien en aquellos

Espacios con objetos en movimiento cuya protección impida utilizar detectores volumétricos.

Su principal ventaja es el bajo precio y un bajo índice de falsas alarmas, siendo su inconveniente que si son visibles (el transmisor y/o el receptor) pueden saltarse fácilmente.

Contactos con hilos:

- Prácticamente está en desuso ya que su ajuste resulta dificultoso.
- Superficiales.

Detectores inerciales:

Su funcionamiento se basa en la detección de las vibraciones de las superficies (vidrios, muros, vallas, etc.), mediante un sensor que en su interior dispone de elementos móviles que al producirse la agresión abre y cierran los contactos eléctricos.

Los más comunes son los contactos de péndulo. Dispone de una masa metálica soportada por una guía que a través de un tornillo hace unirla a otra. Estas guías son las que se unen a los contactos eléctricos del circuito de detección. Al vibrar, lógicamente dependerá de la presión que ejerza el tornillo entre ellas, abre y cierra el circuito.

Otro modelo es el de una masa metálica, esfera, soportada por unas guías. Cada par de guías se encuentra conectado eléctricamente a un par de clemas utilizadas como terminales de conexión con otros detectores o con un procesador.

En reposo, la masa metálica está en contacto permanente con el par de guías cortocircuitándose. Cuando las vibraciones se producen en la superficie donde está situado el detector, se transmiten al mismo provocando interrupciones momentáneas dando como resultado un circuito abierto.

El tercer modelo que se utiliza en este tipo de detectores es el denominado de mercurio. En él existe una ampolla de vidrio conteniendo mercurio en su interior y en la que están inmersas las terminales del circuito detector ejerciendo como un contacto normalmente cerrado. Al producirse las vibraciones, el mercurio se traslada de posición en la ampolla y deja abierto el circuito.

Detectores microfónicos:

•	También llamados sísmicos. Transforman las vibraciones mecánicas en una señal eléctrica a través de una cápsula piezoeléctrica, similar a las

utilizadas en los micrófonos, que después de la ampliación y filtrado producen la señal de alarma.

.	La sensibilidad de los detectores es regulable y en todo caso los detectores se fabrican de tal forma que las vibraciones ambientales no les influyan al objeto de evitar las falsas alarmas.

.	Se usan en muros, cámaras acorazadas, cajas fuertes y lugares de alto riesgo, con idea de que la detección se dé al inicio del intento de intrusión.

.	Por su elevado precio, el Director de Seguridad qué superficies quiere que analicen (el radio de acción suele estar comprendido entre 2 y 6 m), pues en superficies grandes se requiere la presencia de varios detectores.

Detectores de rotura de cristal:

•	Se utilizan para la protección de zonas acristaladas. Podemos distinguir, según su funcionamiento y necesidad de estar adheridos a la zona acristalada:

•	Inerciales.

•	Piezoeléctricos.

•	Sin contacto.

•	Detectores inerciales. Hoy en día están en desuso.

•	Detectores piezoeléctricos. Detectan las características de la rotura del vidrio.

•	Detectores sin contacto. Funcionan de forma similar a los piezoeléctricos pero la cápsula que utilizan es sensible a la vibración acústica. Normalmente se sitúan en las proximidades de las zonas acristaladas (techo).

Alfombras de presión:

• Están construidas por láminas o placas metálicas que entran en contacto al ser presionadas por el peso de la persona cerrando el circuito que forma.

• En su ventaja está que son baratas, pero con el inconveniente de su escasa duración y posible vulnerabilidad si se conoce su existencia.

Redes conductoras:

• Dispositivo de protección basado en la aplicación de una cinta o red conductora (adherida o embebida) a cualquier tipo de superficie, de tal forma que no pueda producirse el paso de una persona sin provocar la señal de alarma.

• La cinta se conecta al bucle de alarma manteniendo una continuidad eléctrica que cuando se pierda, por rotura o por puente eléctrico, entre ambos lados del bucle, se produce una situación de alarma.

• En zonas acristaladas, la disposición de la cinta suele hacerse por recorrido de su perímetro en cristales normales formando recorridos paralelos a distancias menores de 15 cm.

• También tiene aplicación en muros de cámaras acorazadas con los inconvenientes de un coste elevado y dificultad de implantación.

• Volumétricos.

• Detectan movimiento en un volumen protegido.

Dependiendo del principio de funcionamiento distinguiremos los siguientes:

Microondas:

- También conocidos como "radares", emiten energía electromagnética, a una frecuencia de 10 GHz, que tras rebotar y reflejarse en las paredes del recinto protegido, alcanza la etapa receptora. Si en el recinto no hay ningún movimiento, las frecuencias de las señales emitidas y recibidas son las mismas. Sin embargo si en el recinto hay algún movimiento (intruso), parte de la señal que llega al receptor posee diferente frecuencia que la que lanzó el transmisor. Esta diferencia de frecuencia es la que hace provocar la alarma y enviarla al cuadro de control del sistema.

- Los microondas están formados por un solo transmisor/receptor. Su aplicación goza de gran efectividad y sensibilidad.

- El campo de cobertura presenta una gran variedad de forma-alcance y ángulo de cobertura según el modelo utilizado.

- En instalaciones de alta seguridad, se utilizan detectores dotados con sistema de anti enmascaramiento, es decir, disponen de una salida adicional de alarma que se activa en el caso de tapar con elementos no permeables al microondas.

- El director de Seguridad tendrá en cuenta que al ser detectores que emiten energía hay que prestar atención a su instalación que atraviesan cristales y paredes delgadas pudiendo provocar falsas alarmas, buscando su solución con diferentes frecuencias.

Ultrasonidos:

•   Basan su funcionamiento en el efecto Doppler, mediante la emisión y recepción de ondas ultrasónicas (entre 22 Khz y 45Khz).

•   Básicamente están formados por:

•   Un transmisor de ultrasonidos.

•   Un receptor de ultrasonidos.

•   Un procesador de señales.

Infrarrojos pasivos:

•   Todos los cuerpos emiten radiaciones infrarrojas si están a una temperatura superior al cero absoluto (-273 C). Esta propiedad ha llevado a diseñar

•   Elementos que traduzcan la energía térmica en respuesta eléctrica para detectar presencia de intrusos en recintos protegidos.

•   El funcionamiento de los infrarrojos pasivos es el siguiente:

•   Es un detector que dispone de un censor piro eléctrico, que genera en sus bornes una débil corriente cuando recibe una variación de radiación infrarroja, y que su principio se utiliza para detectar la presencia de un intruso que emitiendo infrarrojas, puede modificar la cantidad de infrarrojos recibidos por el captador en relación a la cantidad emitida por el entorno ambiental.

•   Este detector vigila el campo infrarrojo del local en donde se encuentra instalado. Una variación suficiente en amplitud, en velocidad y en duración de este campo provocará la alarma.

• Son pasivos porque no emiten ningún tipo de señal. Por ello pueden instalarse tantos detectores como el director de Seguridad considere aconsejable en un mismo local, sin riesgo de interferencia entre ellos.

• Solo requieren el ajuste de su orientación, con el inconveniente de que puede producir falsas alarmas debidas a pequeños animales y sus prestaciones dependen mucho de la temperatura ambiental.

También existen detectores con anti enmascaramiento.

De Sonido:

• Detectan sonidos que superan un cierto nivel de amplitud.

• Están prácticamente en desuso, debido a que solo deben instalarse en recintos dispuestos con un excelente aislamiento.

De luz:

• Detectan niveles de iluminación en recintos cerrados sin entrada de luz exterior.

• Prácticamente en desuso.

Capacitivos:

• Captan la proximidad de un intruso a un objeto metálico ya que varía la constante dieléctrica del ambiente y por tanto la capacidad eléctrica entre el intruso y la tierra de referencia.

•	Son muy selectivos, pero con el inconveniente de que necesita una instalación muy cuidadosa y pueden producir falsas alarmas por interferencias radioeléctricas.

•	Utilizados especialmente para la protección de muebles u objetos metálicos susceptibles de ser aislados eléctricamente.
•	El equipo se adapta a las características del objeto protegido mediante un conmutador que permite variar el campo de capacidad.

4 DETECTORES PASIVOS Y ACTIVOS

Doble Tecnología

- Detectores infrarrojos (ópticos) pasivos y activos:

Combinados o de doble tecnología:

Utilizando dos tecnologías independientes, están acoplados entre sí y poseen una sola salida de alarma. La alarma se produce pues cuando se disparan dos tecnologías.

Las tecnologías que suelen utilizarse son:

- Ultrasonido + Infrarrojos pasivo.

- Microondas + Infrarrojos pasivo.

Para saltar la alarma se tienen que disparar las dos, y para evitar falsas alarmas, se utiliza la conexión AND. En el caso de proteger recintos de alto riesgo se suelen conectar en tipo QR, es decir la alarma se activará cuando detecte alguna de las dos tecnologías.

Detectores perimetrales o de uso exterior.

En los exteriores a los edificios o instalaciones, la seguridad electrónica cumple la función de detectar el riesgo en su momento de aproximación y primer contacto.

Cuando más alejado se encuentre el perímetro del núcleo vital del objetivo, se dispone de un mayor espacio de tiempo a efectos de adoptar decisiones tendentes a una primera neutralización del riesgo detectado y a facilitar los auxilios externos que precise su solución definitiva.

Todos los detectores que utilicen luz de cualquier naturaleza, ultravioleta, infrarroja, etc. son ópticos. La diferencia fundamental estriba en su comportamiento hacia esa luz: Si emiten haces de luz que recibe otro sensor cuya interrupción genera una suspensión eléctrica momentánea y por extensión una activación de los sistemas conexos de transmisión, se les denomina activos. Si solo registran en una foto celda, que no es otra cosa que una célula óptica electrónica, un ambiente infrarrojo (térmico) permanente y detectan las variaciones en ese ambiente activando los mecanismos de transmisión, son pasivos. Su función principal es la de detectar movimientos de personas u objetos en un área en la que en un momento determinado no debería haberlos.

Ejemplo: Una bodega en horas de la noche o no laborales, una casa en ausencia de sus habitantes, etc., con el objeto de establecer una "intrusión" o acceso no autorizado a un lugar controlado. Estos sensores no producen ningún tipo de alteración del ambiente ni ejercen ninguna clase de función ofensiva sobre las personas o los objetos que los activan, son unos simples "observadores electrónicos" que detectan movimiento y los anuncian a un receptor instalado para ese fin. Pueden ser encendidos y apagados y su actividad registrada por medio de un panel de control, para efectos de manejo de horarios, zonas de cobertura, control de procesos humanos, etc.

Discriminadores de audio y sensores de vibración:

Son sensores que registran las frecuencias de sonido de ruptura de materiales tales como cristales y vidrios y permiten la detección de intentos a través de la ventanería de una edificación o, como en el caso de los sensores de vibración especializados para estructuras, la vibración generada por impactos y trabajos con herramientas sobre superficies y muros con el propósito de perforación y debilitamiento.

Trabajan con fundamento en variaciones de voltaje generadas por la vibración y son eminentemente pasivos. Al igual que los sensores ópticos no poseen ninguna función ofensiva y su manejo se hace por medio de un panel de control.

Botones, pulsadores e interruptores manuales:

Como su nombre lo indica no son otra cosa que interruptores con una función práctica idéntica a la de un interruptor de encendido de la luz de una habitación. Su especialidad está dada por la conexión directa con un panel de control que le otorga discriminación de situaciones tales como emergencias médicas, incendios, etc. asignación que establece el sistema de procesamiento al que esté conectado el panel y el diseño propio del mismo. Su función principal es la de permitir a las personas activar el sistema de detección discrecional y discriminadamente, trasmitiendo así una situación de emergencia con elementos de información preestablecidos que permiten su mejor tratamiento.

Es decir, un pulsador de anuncio de incendio activa el proceso de comunicación de esta emergencia específica y no otro permitiendo a la central monitora el aviso a los organismos de atención correspondientes y específicos para esa situación, como serían los bomberos y no una unidad de atención médica o policial. Es evidente su pasividad ante el ambiente y las personas y no pueden ser catalogados bajo ningún aspecto como elementos ofensivos u hostiles.

Detectores de incendio:

Son equipos sensibles a la temperatura o a la emisión de partículas o propias de la combustión que detectan y anuncian la presencia de fuego, saturación de gases y otras situaciones de riesgos similares. Como los anteriores están siempre conectados a un panel de control y no poseen elementos ni funciones que generen ningún tipo de acción represiva o activa contra personas y bienes.

Sensores magnéticos para accesos:

Son elementos que registran una separación entre dos piezas magnéticas superior a las medidas previamente establecidas en su diseño y cuyo objeto es el de detectar y anunciar la apertura, regular o irregular de puertas, ventanas, rejas, etc. Para efectos de control o detección intrusión. Son igualmente pasivas y no poseen funciones ofensivas de ninguna clase.

Detectores perimetrales.

Funcionamiento.

- Puntuales.
- Su funcionamiento y aplicaciones son los comentados para los detectores interiores, pero utilizan carcasas adecuadas para soportar la intemperie.

- Lineales.

DETECTORES DE EXTERIORES. CLASIFICACIÓN		
PUNTUALES	Contactos Magnéticos Contactos Mecánicos	
LINEALES	Rayos infrarrojos Contactos en hilos	
SUPERFICIALES	Vibración en vallados	Censores aislados Censores continuados
	Presión del suelo	Hidráulicos Neumáticos Censor aislado
	Barreras rayos infrarrojos Vibración en muros	

	Barreras rayos infrarrojos Vibración en muros	
	Cables de tensión Redes de fibra óptica	
VOLUMÉTRICOS	Microondas	

Detectores de rayos infrarrojos:

•	Su funcionamiento es el comentado para los interiores pero están protegidos con carcasas para su utilización en el exterior. Normalmente no utilizados.

•	Superficiales.

Barrera de rayos infrarrojos:

•	Formadas por un enlace óptico, un emisor y un receptor enfrentados, que van montados sobre columnas.

•	El emisor está constituido por un diodo foto emisor, que genera luz infrarroja. Es normal que esta emisión sea modulada por impulsos, así se protege contra posible sabotajes y falsas alarmas.

•	El receptor es una foto detectora de infrarrojos. Incorpora la circuitería necesaria para el tratamiento de la señal.

•	En ambos elementos son parte importante los dispositivos ópticos para dirigir y concentrar la radiación infrarroja en los respectivos sensores; constan de espejos orientables y lentes convergentes.

•	Dado que el ángulo de dispersión o apertura del haz generado por el emisor es reducido, es evidente que una sola pareja E/R no crea una zona con cobertura suficiente para detectar el paso del posible intruso. Ello hace que normalmente se sitúen varias barreras de E/R soportados en la misma columna para proteger el espacio en forma de plano vertical. Siempre que dicha zona sea interrumpida, el receptor debe general una señal de aviso a través del cambio de estado de un relé.

•	Para evitar las falsas alarmas que podrían producir las distintas barreras independientemente, se conectan de tal forma que se necesite interrumpir más de un haz para provocar la alarma o bien disponer de equipos de temporización que no implique falsas alarmas si se interrumpe un solo haz. Por otra parte y al objeto de minimizar la influencia del sol en sus posiciones de rayos casi horizontales, se deben combinar los E/R de forma alterna en las columnas.

•	Las columnas disponen de elementos calefactores para derretir el hielo o la escarcha que pueda concentrarse en los cristales y/o salida del haz. Los soportes de sujeción de los detectores deben estar aislados para evitar falsas alarmas por vibraciones y poseer contactos de presión para evitar que se acceda apoyándose en ellos. Los paneles de ocultación de los elementos transmisores y receptores han de ser opacos.

•	Se aplican en protección de perímetros exteriores donde la proximidad de edificios o árboles, no es posible utilizar volumétricos.

•	Su principal ventaja es que son de rápida instalación, difícil de anular y su inconveniente la no adecuación a terrenos accidentados, con animales grandes y su considerable mantenimiento.

De vibración en muros:

•	Su funcionamiento y aplicación son idénticos a lo expuesto para los detectores de interiores.

Vibración en vallados:

•	Protegiendo las vallas de los perímetros, detectan vibración, corte o movimiento de las mismas utilizando diferentes tipos de sensores.

Vibración con sensores aislados:

•	Detectan las vibraciones de las vallas utilizando detectores inerciales dispuestos sobre ellas y que asociados en grupos se analiza su señal conjuntamente. Esto hace que una valla metálica pueda proteger por "zonas" donde lo normal es que una zona cobra unos 100 metros.

•	Su propia esencia los hace particularmente susceptibles a alarmas nocivas causadas por el viento, la lluvia, el granizo, etc.

•	No obstante, el uso de "procesadores de señales" reduce el porcentaje de esas falsas alarmas sin sacrificar la sensibilidad idónea del sistema.

•	Presenta el inconveniente de poder ser traspasado utilizando intrusiones por encima y por debajo de la malla sin tocarla.

•	El director de Seguridad lo utilizará sobre vallado metálico de suficiente rigidez y como sistema secundario o de complemento.

Sensores continuos:

•	Utilizadas para detectar vibraciones originadas en el intento de intrusión a través de mallas metálicas o cualquier elemento constructivo elástico capaz de transmitir vibraciones.

•	Se basan en el llamado efecto TRIBO ELÉCTRICO que consiste en la producción de una corriente eléctrica al friccionar dos superficies conductoras con un aislante intercalado entre ellas. Al cable sensor de estos sistemas se les denomina también cable microfónico.

•	Constan de un cable sensor que se coloca en la valla por medio de bridas de plástico cada 30 cm. A lo largo de los tramos a sensibilizar, siendo la longitud máxima de cada tramo de 300 m. Su función es captar todas las acciones mecánicas (vibraciones, curvaturas, roturas, etc.) que se produzcan en el soporte (valla) y por efecto triboeléctrico convertirlas en señales eléctricas.

• Tales señales eléctricas llegan a la "unidad de proceso", que las analiza y procesa, desechando las que no respondan a un patrón previamente seleccionados.

• Una característica muy particular de algunos de estos sistemas, es la facultad del cable sensor para "oír" los ruidos que genera el proceso de intrusión. De esta forma es posible discernir qué alarmas pueden no ser tales, con un previo entrenamiento del operador.

• Sus principales ventajas son la facilidad y simpleza de su instalación, su reducido mantenimiento y una relación coste/eficacia aceptable. Sus inconvenientes son los de no detectar intrusiones por encima del vallado y falsas alarmas frente a roces de animales.

Cables de tensión:

• Una serie de cables horizontales tensados separados entre sí 15/20 cm que terminan en sensores que detectan variación de tensión mecánica en estos cables. Cualquier variación de esa tensión (por apoyo o corte) desencadenará la alarma.

• Se obtiene una barrera física en donde el sensor es en sí mismo el vallado, aunque puede ir adosado a cualquier tipo de valla.

• A estos sistemas no les afectan las fuerzas de origen ambientales, tales como fuertes vientos, lluvias, granizadas, etc. por ser acciones uniformes y simultáneas en todos los cables. Sin embargo tienen el inconveniente de estar muy condicionado por las características geométricas del terreno.

Redes de fibra óptica:

• Están basados en la transmisión de señales infrarrojas en una fibra óptica.

• Una fibra óptica es una guía de luz cilíndrica compuesta de un alma de silicio con un índice de refracción muy elevado. La luz se transmite dentro del corazón de la fibra por reflexiones sucesivas sobre la superficie de separación entre el corazón- revestimiento óptico.

• El sistema consiste en una fibra óptica montada en el interior de un tubo. En cada extremo de la zona protegida dos unidades optoelectrónicas aseguran la emisión y la recepción de la señal impulsada infrarroja. Cuando la fibra óptica es alterada (doblada o rota) la luz infrarroja se interrumpe provocando una señal de alarma.

• Sus principales ventajas son la insensibilidad total a las fuerzas electromagnéticas, a las vibraciones climatológicas y al entorno natural (vibraciones, ruidos, polvo, etc.).

De presión enterrados.

• Estos detectores se caracterizan por la forma de instalación.

Bajo el suelo:

• Son sistemas idóneos para implantar en terrenos donde por sus características (desniveles, arboleda, etc.) no puede o resulta difícil la implantación de otros sistemas perimetrales. El detector es invisible, incrementando la seguridad. Pero vulnerable si se conoce su situación, y se deben tener en cuenta la existencia de roedores y raíces de árboles.

• Citaremos tres sistemas basados en principios operativos diferentes pero que cumplen con la misión de detectar el paso por encima de sus elementos sensores configurando una banda de terreno sensibilizado. Detectores de presión diferencial:

- Neumáticos. Su principio de funcionamiento es idéntico al que vamos a describir de los hidráulicos, con la diferencia de que en este caso los tubos sensores disponen de gases (aire).

- Sensores aislados. Detectan la presión ejercida en el suelo por un intruso mediante sensores sísmicos analógicos.

- Hidráulicos. Este sistema basa su funcionamiento en la propiedad física que poseen los líquidos para transmitir la presión de forma instantánea en todas las direcciones.

El sistema consiste en la instalación de dos tubos paralelos enterrados, recorriendo el perímetro a proteger, rellenos de un fluido hidráulico en el que se mantienen unas determinadas presiones. Una diferencia de presión es la que analizada hace que se transmita la alarma.

La separación de los tubos suele realizarse entre 1 y 1,5 m dependiendo de la estructura del terreno. Puesto que la presión detectada no solo es función del peso del intruso sino de la intensidad de la misma, se podría detectar bien por los pasos, por salto o por deslizamiento sobre el terreno de forma más o menos rápidamente.

Volumétricos.

Detectores infrarrojos:

Captan la radiación infrarroja que generan los elementos de la zona vigilada y que se activan al variar suficientemente dicha radiación.

Microondas:

•	Su funcionamiento se basa en el efecto Doppler. Los detectores tienen una antena emisora/receptora. Cuando alguien entra en la zona de cobertura se produce una variación de frecuencia y amplitud de la señal reflejada. Estos cambios originan una condición de alarma.

Video sensor:

•	Son detectores que utilizando la señal de vídeo procedente de una cámara de televisión, se activan al producirse una variación predeterminada del nivel de luminosidad en la zona vigilada.

Tienen la ventaja de que utilizando las cámaras instaladas de CCTV pueden convertirla en sensores de protección de las zonas vigiladas. Se adaptan a cualquier tipo de terreno

Barreras de microondas:

•	El director de Seguridad decidirá su instalación en zonas aisladas, en superficies demasiado grandes, en entornos que no disponen de protección física, etc. o como alta protección situándolo como segundo nivel de detección.

• Constan de Emisor y Receptor, que delimitan el espacio o volumen protegido. Entre ellos existe un campo electromagnético (en la banda de los microondas con una frecuencia de aproximadamente 10 GHz) de referencia y ante cualquier variación del mismo, fuera de unos márgenes previamente establecidos, provocan una situación de alarma.

• El enlace entre emisor y receptor puede ser alterado de varias formas. Pero siempre que dicha alteración pueda presuponer una intrusión, de este espacio protegido, y más concretamente el receptor, debe generar una señal de aviso. Esta alarma se manifiesta por el cambio de estado de un relé libre de tensión.

Detectores de acoplo de campo eléctrico:

Pertenecen a la familia de los soportados, es decir necesitan un elemento que permita su fijación, puede ser una valla, un muro, etc., aunque también se han instalado en postes de soporte.

Consiste en un generador de campo electrostático. Este campo se emite al ambiente a través de un hilo transmisor y se capta por uno o varios hilos receptores. Cualquier objeto que se aproxime al sistema provocará una perturbación en el campo eléctrico del sistema y el análisis diferencial producido, si se dan las circunstancias previstas como de alarma, emite la salida fijada.

Diseño del Programa de Seguridad

Antes de diseñar un programa efectivo de seguridad nos debemos responder tres grandes interrogantes como son:

• Qué es lo que vamos a proteger.

• Cómo lo vamos a proteger.

• Ubicación del elemento a proteger.

Por lo tanto se realiza la teoría de los anillos concéntricos así:

• Un primer anillo cubre y protege las áreas exteriores por medio de sensores de movimiento, sensores infrarrojos, foto-eléctricos y otra gama de sistemas perimétricos como sensores de superficie, avisador de terreno, alambradas, etc.

• Un segundo anillo vigila los perímetros estructurales por medio de sensores de audio, para protección de ventanas, magnéticos para puertas, sísmicos para paredes.

• Un tercer anillo protege el contenido por medio de sensores infrarrojos pasivos, sensores que pueden adecuarse a toda necesidad por medio del cual se detecta la presencia del intruso tempranamente para una reacción, botones de pánico y claves de advertencia.

Cabe anotar que a todo este sistema se lo puede adaptar, y encajan con perfecta armonía otros elementos como: CCTV, controles de acceso por medio de tarjetas, huella dactilar, iris, y sistemas de supervisión y contra espionaje.

Además de los sistemas contra incendio, que detectan el calor y el humo, se puede reaccionar con agua, líquidos, espumas, etc. contra incendio y por supuesto dando aviso a los bomberos.

Hoy en día se utiliza la tele gestión en los edificios inteligentes, que permite el control por una persona de todos estos aspectos, y programar otra serie de cosas como: el encendido de la luz o el riego de las plantas, paralizar o funcionar los ascensores, verificar el programa etc.

41

5 SISTEMA INTEGRAL DE SEGURIDAD

(MONITOREO DE ALARMAS)

Los últimos avances de la microelectrónica y la informática están ya al servicio de la seguridad de las personas y sus bienes. Se ofrecen estos avances en seguridad: monitoreo de alarmas y protección 24 horas, se dispone de equipos de protección contra robo, atraco e incendio: circuitos cerrados de televisión, unidades de alarma programables, controles de acceso, protección perimetral, ingeniería y consultoría de seguridad y el sistema de monitoreo, que controla las 24 horas del día, segundo a segundo las emergencias de los abonados.

La unidad digital de control monitorea constantemente el sistema y los sensores de detección, al producirse una señal en los sensores instalados estratégicamente, la unidad digital, evalúa, activa controles locales (sirenas, luces, etc.), y transmite al instante la señal al Sistema de Monitoreo, donde se reconoce el tipo de evento, lugar y área donde se originó.

Todo tipo de riesgo puede ser detectado y diferenciado por el sistema: alarma de robo, atraco, emergencia médica y cambio de temperatura en equipos o instalaciones.

•La clasificación de los sistemas de seguridad electrónica (SSE) se realiza básicamente desde dos criterios, la cantidad de sitios a proteger y la aplicación del sistema. Del primer criterio entonces, se consideran SSE locales o distribuidos, siendo un SSE local aquel diseñado para la seguridad (y según las características) de un lugar puntual, mientras que un SSE distribuido es un conjunto de SSE locales adaptados a cada sitio protegido que además trabajan en conjunto a través de un sistema de Telecomunicación.

Los SSE distribuidos cubren aflicciones de alto rendimiento, siendo principales usuarios de estos sistemas los bancos, embajadas, universidades, aeropuertos, empresas petroleras, etc. ya que este tipo de entidades mantienen infraestructuras en diferentes sitios, incluso a nivel nacional.

Sistemas Locales de Seguridad Electrónica

Un sistema local de seguridad electrónica es el conjunto de elementos y dispositivos electrónicos que interconectados dan seguridad a un sitio, el esquema básico para un sistema local de seguridad electrónica se describe a continuación:

•**Red**: Es la forma de conexión de los elementos o componentes, básicamente la red es de tipo cableada o inalámbrica, aunque pueden existir también redes híbridas; dependiendo del tipo de conexiones de la red se pueden también clasificar en tipo bus, estrella, anillo, etc.

Fuente de alimentación: La fuente de alimentación del SSE permite entrega la energía eléctrica necesaria para los elementos del sistema (aunque algunos pueden tener su fuente independiente), se conecta directamente a la red eléctrica pública y adapta el voltaje alterno a voltaje continuo que es el utilizado por los dispositivos electrónicos, es recomendable que el SSE tenga fuentes de alimentación secundarias en caso de fallo de la red eléctrica pública.

Central de seguridad: Es el elemento que gestiona el sistema, recibe las señales de los detectores y envía comandos a los señalizadores en función de lo receptado, siendo su función primordial para el funcionamiento del sistema se recomienda criterios de alta disponibilidad.

Detectores: Son los "ojos" y "oídos" del sistema, puede ser un sensor de movimiento, una cámara de seguridad, un detector magnético entre otros, su función es entregar información de cualquier tipo, relacionada con la protección de los lugares clave del sitio protegido, existe una amplia oferta de detectores debido al gran número de aplicaciones de los SSE.

Señalizadores o indicadores: Los señalizadores o indicadores, son los elementos a través de los cuales el sistema actúa al existir un impulso o alarma generado por los detectores ante un intento de intrusión, puede tratarse de sirenas, luces, avisos a centrales de monitoreo, bloqueo de cerradura, etc.

Interfaz de usuario: Son todos los componentes que permiten que el usuario (o el programador) interactúe con el sistema, puede tratarse de un computador con conexión al sistema, un teclado independiente, sistemas dactilares, etc.

Clasificación de SSE Locales

Los sistemas locales de seguridad electrónica pueden dividirse a través de su aplicación, la tabla 1 muestra la clasificación de los SSE locales por su función.

Clasificación de SSE Locales

Los sistemas locales de seguridad electrónica pueden dividirse a través de su aplicación, la tabla 1 muestra la clasificación de los SSE locales por su función.

SISTEMAS LOCALES DE SEGURIDAD ELECTRÓNICA

ROBO Y ATRACO: Sensores y centrales de alarma. Defensa física. Señalización del robo. Dispositivos de acceso. Circuito cerrado de T.V.

INCENDIO: Sensores y centrales de incendios. Accionamiento de dispositivos de extinción. Accionamiento de dispositivos de aviso y señalización. Extinción manual. Equipo de bombeo. Puertas cortafuegos. Alumbrado de emergencia.

ANTI-HURTO: Protección de los artículos de grandes almacenes y pequeños establecimientos. Scanner Detector de explosivos.

ESPECIALES: Detector de metales. Sonda detectora de niveles. Sonda detectora de humedad. Anulación de señal celular, etc.

ALARMAS

Propósito sistemas de alarma

- ❑ Economizar
- ❑ Sustituir otras medidas de seguridad
- ❑ Complementar o dar controles
  adicionales.

Principios básicos

- ❑ Interrupción rayo de luz
- ❑ Detectar sonido
- ❑ Detectar vibración

Tipos de sistemas de alarmas

- ❑ Lamina metálica
- ❑ Interruptores magnéticos
- ❑ Detección de alambres
- ❑ Tapetes sensibles

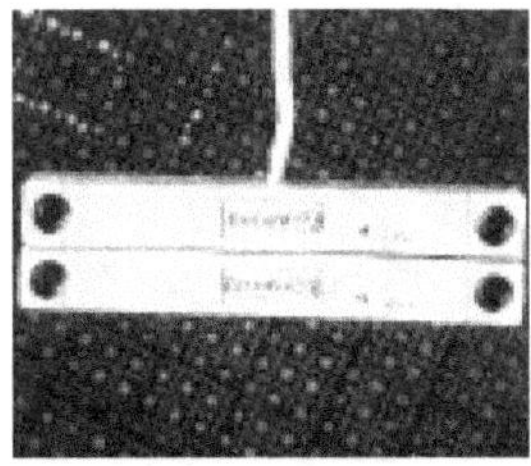

Tipos de sistemas de alarmas

Volumétrico

- Capacitancia
- Vibración
- Microondas
- Ultrasonido
- Infrarrojo pasivo
- fotoeléctrico
- Sistema de alarma local
- Sistema auxiliar (extensión policía o bomberos)
- Estación central
- Sistema propio

Componentes básicos alarmas

- Sensor o dispositivo que activa la señal
- Circuito que transporta la señal
- Sistema de señalización o aviso

Funciones básicas sistema de alarma

- Detección de incendio
- Detección de intrusión
- Notificación de emergencia
- Monitorear equipo o condiciones de instalación

Equipos que componen una alarma

1. Control central
2. Consola alfanumérica
3. Batería sellada
4. Sirenas
5. Sensores acústicos de ruptura de vidrios
6. Contactos magnéticos
7. Rayos infrarrojos
8. Sensores duales externos
9. Sensores duales internos
10. Sensores de 360 grados
11. Pulsador inalámbrico de pánico
12. Pulsador fijo de asalto
13. Money clip
14. Claves temporizadas
15. Sensores de humo
16. Estación manual de activación de alarma por fuego
17. Equipos que equipos que componen un circuito cerrado de televisión
18. Monitor
19. Videograbadora
20. Multiplexor
21. Cámaras
22. Domos
23. Housing

6 DESCRIPCIÓN DE UN SISTEMA DE MONITOREO

Un sistema electrónico de alarma básicamente está conformado por lo siguientes elementos:

A. UNIDAD CENTRAL DE CONTROL:

Es el cerebro del sistema, está conformado por circuitos integrados, microprocesadores y memorias que almacenan y ejecutan las funciones que han sido programadas. Esta unidad determina las características, capacidad y funciones que es capaz de realizar el sistema.

B. UNIDAD DE TECLADO O CONSOLA DE MANEJO:

Desde esta unidad se pueden ejecutar todas las funciones de operación del sistema, está conformada por un display de cristal líquido el cual informa mediante palabras el estado del sistema, también contiene un dispositivo audible de pre alarma. Entre las funciones que se pueden ejecutar desde este teclado están: armar y desarmar el sistema, programa el sistema, bloquear zonas, probar el sistema, etc.

C. UNIDAD RESPALDO DE BATERIAS:

Ante una pérdida del fluido eléctrico, las baterías suministran la potencia del sistema. La autonomía de las baterías depende de las características, calidad de las mismas, estas baterías son recargables, no requieren mantenimiento y su vida útil es de aproximadamente de tres (3) años.

D. UNIDAD SONORA:

El sistema de alarma requiere de una sirena electrónica de aproximadamente 117 db la cual se activa en el evento de una alarma. El tono de esta sirena permite diferenciar una condición de fuego o de robo.

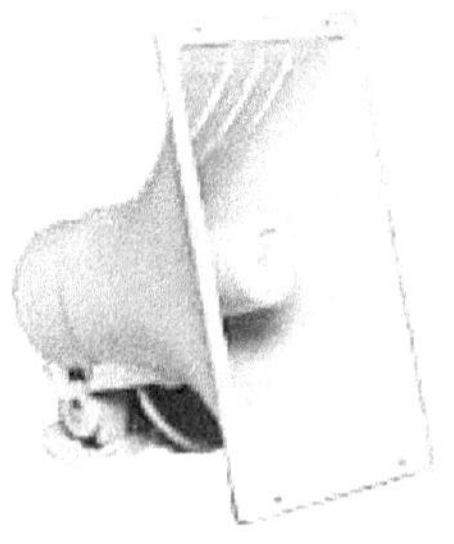

E. SENSORES DETECTORES:

Un buen sistema de seguridad electrónico de alarma permite la utilización de gran variedad y número de sensores, una zona puede incluir varios sensores.

Sensores de movimiento: los infrarrojos pasivos detectan el movimiento de personas en el área protegida, los hay de diferentes ángulos y longitud de alcance.

Sensores de apertura: los swiches magnéticos de apertura detectan cuando una puerta, ventana, cortina metálica es abierta.

Discriminadores de audio: son dispositivos capaces de activarse únicamente en el evento de rompimiento de vidrio, útiles por tanto para proteger ventanales, vitrinas, etc.

Sensores de vibración: responden activamente ante un nivel moderado de vibración de la superficie sobre la cual se lo ubique, para proteger bóvedas, muros, vidrios, etc.

Detectores de humo: se activan en presencia de material en combustiones muy útiles en bodegas donde se almacenan materiales altamente inflamables, estos detectores protegen las 24 horas.

Detectores de barrera: dos unidades infrarrojas, una transmisora y otra receptora, se colocan formando una barrera de rayos infrarrojos en el área protegida, cualquier intruso que traspase esta barrera de rayos infrarrojos genera una condición de alarma, son especiales para áreas exteriores como piscina, jardines, etc.

Activador manual de alarma: aplicables en sistemas contra incendio se activan manualmente para informar que un incendio se ha sucedido y es necesario la evacuación de las instalaciones, se restablece únicamente con las llaves de alta seguridad.

Botones de pánico: son unidades que se accionan manualmente ante una situación de atraco, pánico, fuego, emergencia médica, etc. La alarma que generan puede ser programada audible o silenciosa dependiendo de la necesidad específica, en el caso de programarse silenciosa necesariamente el sistema debe estar conectado a una estación central de monitoreo. Estos botones de pánico pueden ser alambrados o inalámbricos dependiendo de las características de la unidad central de control.

Sensores de temperatura: humedad, agua, gas, etc.: son utilizados para aplicaciones especiales que requieren sean supervisados. Todos los sensores anteriores vienen en dos modalidades, alambricos o inalámbricos, existen unidades de control híbridas que permiten utilizar ambas modalidades mediante la adición de una unidad de expansión. El número de zonas que puede manejar una unidad central y el número de sensores por zona dependen de la capacidad y calidad del control.

CONTROLES DE ACCESO

Un sistema completo cumple cuatro funciones interrelacionadas:

• Retardo.

• Detección.

• Alerta.

• Reacción.

Retardo: se logra por la acción de las barreras físicas y por me-dio de sensores de movimiento, sísmicas de terreno, luces, etc.

Detección: se realiza en los diferentes círculos del anillo anteriormente visto.

Alerta: estará con el equipo técnico las 24 horas pero, dependiendo del factor humano en lo referente al manejo, el estado de alerta y la preparación

Reacción: se requiere de un equipo altamente capacitado y dotado en la mejor forma para reaccionar a tiempo y lo mejor posible.

Algunas de las grandes diferencias de los Controles de Acceso con respecto a las llaves, son:

• Registro de eventos.

• Historial de entradas y salidas.

• Permanencias.

• Intentos de ingreso o egreso.

• Permite determinar quién se encuentra las instalaciones todo el tiempo.

• Identificar a los visitantes no deseados.

• Eliminar el abuso de credenciales para visitantes.

• Facilita la comunicación entre anfitriones, visitantes y personal de seguridad.

• Mejora la productividad de la recepción y la mesa de seguridad.

Un sistema de control de acceso es un conjunto de dispositivos interactuando entre sí que permite:

Restringir la apertura de puertas o accesos mediante algún medio mecánico.

Identificar al usuario de acuerdo con parámetros establecidos para determinar si el acceso es permitido o denegado.

Registrar y auditar los eventos de acceso por usuario y por puerta.

Programar la autorización o desautorización del acceso relacionando a cada usuario.

Permitir funciones adicionales de seguridad y funcionalidad

1.- Restringir la apertura de puertas o accesos mediante algún medio mecánico.

Este medio mecánico debe ofrecer la seguridad que será efectivo al impedir la apertura de la puerta y resistir a los posibles intentos de violación.

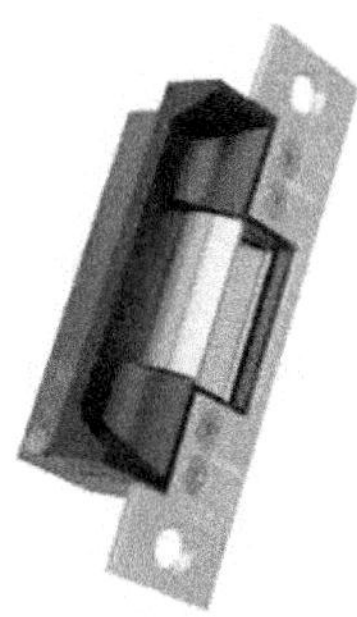

Cada uno de estos medios tiene sus ventajas, desventajas y características particulares.

Las contrachapas eléctricas

-   Son soluciones sencillas y económicas.
-   No ofrecen una sujeción confiable para la puerta, es decir, son relativamente fáciles de abrir o forzar por intrusos.
-   Así como los electroimanes, dependen del suministro eléctrico para operar.
-   La diferencia con respecto a los electroimanes es que si su suministro eléctrico llegara a interrumpirse la cerradura eléctrica permanecerá cerrada.

Los cilindros electrónicos para cerraduras

-   Son soluciones económicas y confiables
-   Funcionan con sus propias baterías, por lo que no dependen de un suministro eléctrico externo.

Su fuerza de sujeción depende de la cerradura en la que se instalen, de manera que no está limitada de antemano.

2.- Identificar al usuario de acuerdo con parámetros establecidos para determinar si el acceso es permitido o denegado.

Los medios de identificación de usuarios son:

• Teclados para digitación de códigos alfanuméricos

• Montados

• Personales y portátiles

• Tarjetas de proximidad

• Botones de control remoto

• Dispositivos biométricos

• Lector de huella digital

• Lector de iris

• Identificación de rasgos faciales

• Tarjetas magnéticas

3.- Registrar y auditar los eventos de acceso por usuario y por puerta

De esta manera se puede saber cuál usuario y en qué momento está entrando o saliendo a través de los accesos controlados. También debe indicar qué usuario intentó tener acceso fuera del horario o días permitidos. Esto es importante para:

•	Conocer los hábitos de los usuarios del inmueble y tomar medidas disuasivas oportunamente

•	Generar registros que puedan deslindar responsabilidades en cado de irrupción o siniestro

•	Respaldar otros sistemas de seguridad como CCTV

•	Cotejar la información del sistema de control de asistencias

4.- Programar la autorización o desautorización del acceso relacionando a cada usuario con horarios, fechas, u otras condiciones

Es decir, programar el comportamiento que las puertas o accesos deben tener para cada usuario en diferentes condiciones. Por ejemplo, el acceso a cierta puerta puede estar condicionado a que otra puerta esté cerrada (exclusa).

O bien, que para tener acceso a cierta área dos o más usuarios deben identificarse ante el dispositivo, ya sea con tecleando cada quién su número en un teclado, o dando a leer su huella digital, etc. (acceso mancomunado). Así mismo.

5.- Permitir funciones adicionales de seguridad y funcionalidad

Ejemplos de esto puede ser el programar una apertura con retardo (delay). Es decir, que aún de que la identificación sea positiva, la puerta o dispositivo tardará cierto tiempo, programado con anterioridad, en permitir el acceso.

60

7 SUBSITEMA DE CIRCUITO CERRADO DE TELEVISIÓN

(Circuito cerrado de TV.)

C.C.T.V. Es quizás el mejor radio de supervisión, control de producción y vigilancia, siendo un excelente medio disuasivo para el control a propios y extraños dentro y fuera de la Empresa. Actualmente los CCTV proveen mas detalles en la resolución y una imagen más clara, inclusive en condiciones mínimas de laminación, pues antes estaban diseñadas y construidos con tubos ahora trabajan con procesador electrónico C.C.D, chip, de casi a veces de mas duración y menor tamaño.

Un circuito de 16 cámaras puede registrar todos los eventos en un vídeo grabadora durante 4 días continuos sin necesidad de cambiar la cinta o con activación automática por sensores de movimiento o señales de alarma. También puede transmitir en vivo y al instante a través de línea telefónica (Down Look) celular, móvil o fijo, y radio frecuencia en equipos de radio VHF, UHF o HF. Adicionalmente permiten grabar en el Disco Duro de un computador o Diskette e imprimir cualquier imagen grabada (Telesite, Sony, Dicam)

Las nuevas micro cámaras CCD poseen las mismas características de las cámaras regulares , tienen un lente "PINHOLE" y su tamaño es tan solo de 31 mm X 31 mm X 10 mm que facilita su mimetización en cualquier objeto de uso diario en Empresa o Viviendas.

Pueden hacerse en gafas, relojes, beepers. Corbatas, carteras, etc., y con transmisores inalámbricos alimentados por una pila cuadrada, de 9 V DC de uso corriente o con batería recargable, envía señales de audio hasta 500 m.

SEGURIDAD FISICA	CABINAS	ALUMBRADOS SENSORES CASETA DE CONTROL EXCLUSAS
DETECCIÓN	REGISTRO	PUERTAS GIRATORIAS DETECTOR METALES DETECTOR EXPLOSIVOS EQUIPOS RAYOS X DETEC. ANTIHURTO
CONTROL	DISPOSITIVOS	CODIFICACIÓN CERRADURAS TARJETAS VIDEO
CONTROLES DE SEÑALIZACIÓN AUTOMÁTICA Y CONTROL		RADIOS MARCACION AUTOMÁTICA TARJ. MAGNÉTICA - TARJ. APROX.
TRANSMISIÓN DE ALARMAS		ANTIRROBO ANTIATRACO CCTV MONITOREO TELÉFONO

CAMARAS, MONITORES Y VIDEOGRABADORAS

Hay diferentes tipos de cámaras de acuerdo a las necesidades. Hay a color, en blanco y negro, de alta sensibilidad para un mínimo de iluminación a 0.001 lux, construidas con controladores electrónicos de la luz para usar con lente iris fijo, aceptan también lentes de vídeo tipo auto iris, pueden operar a 12 VDC o a 24 VDC, con alarmas incorporadas detectores de movimiento; viene básicamente en medidas referenciales para formatos de ½ ", de 1/3 "y de 1 ", y en la mayoría de los casos vienen sin lente.

Con las medidas anteriores se seleccionan dichos lentes por sus ángulos y focos: gran angular, angular, súper ancho, ancho, estándar, semi telefoto, teleobjetivo, zoom, vienen también con selectores de velocidad de 1/60 hasta 1/10.000 segundos. Es necesario seleccionar, de acuerdo a especificaciones de catalogo la compatibilidad de cada una de las funciones a realizar de acuerdo a su caso y ubicación.

MONITORES

Sitio de trabajo, sensibilidad resolución, formato número de cámaras que acepta, fuente de energía consumo, alambricos o inalámbrico, compatibilidad con las cámaras blanco negro o color soporte para montaje, controles de operación (brillo, contraste, color, posición horizontal, vertical) Transformador de voltaje.

Igual como las cámaras, hay pantallas en blanco y negro color, desde 4 pulgadas hasta 54 ", para casos especiales aceptan proyectores sobre pantallas o pantallas gigantes. Las más usadas son de 9"cuando se usan para la recepción de hasta 4 CCD, para mayor número son las de 12" y pueden ser activadas u operadas manualmente o por secuenciador.

Para casos especiales y de mucho control son recomendables varias cámaras en una consola central. Su eficiencia la determina la línea de resolución central de 300, 480, 700 y los píxeles horizontales y verticales. Normalmente viene con los controles en el frente y con soporte para montaje a la pared. Tienen límite en el número de cámaras que se pueden recibir, pero hay adaptadores para ampliar su capacidad.

Para un eficiente control del sistema CCTV, es recomendable centralizar la recepción de audio y vídeo en un centro ce monitoreo, donde el personal encargado y responsable de su operación tengan no solo los monitores , sino también los aparatos complementarios para su manejo, tales como control remoto de plan / tilt (Horizontal y Vertical), del zoom (aceleramiento), secuenciadores, quad división de pantalla) vídeo grabadoras, impresoras o con los nuevos sistemas computarizados, equipos de recepción y software especiales para pasar el vídeo del monitor al computador, grabarlo en disco duro diskette o imprimirlo.

Al diseñar un sistema de CCTV, se deberán tener en cuenta diferentes ítems, cada cual más importante.

CAMARAS: EXTINTORES: Ubicación protector (Housing) soporte, seguridad de la cámara, conexión, fuente de energía, tipo de lente foco, luz.

CAMARAS INTERIORES: Su ubicación, blanco y negro o color, tipos de lentes, auto iris o estándar, sensibilidad, resolución, pixeles, soporte, fija o móvil, con motor para zoom y pan/tilt, fuente de energía, consumo, tipo de acople, C o CS, para el montaje del lente, sensor de movimiento, inmunidad a golpes o vibraciones, peso, encendido o apagado automático, memoria, conexión al monitor o inalámbrica, y número de cámaras CCD.

LENTES: El lente juega un papel importante en la optimización del rendimiento de sistema de CCTV. Lentes con formato de ½", 1/3", 2/3", y una 1" con mono foco manual, auto iris, zoom, vari focal, y motorizado. Una 1" con mono foco manual, auto iris, zoom, vari focal, y motorizado.

EQUIPOS AUXILIARES

SECUENCIADOR:

Unidad que selecciona manual o automáticamente paso de la imagen del vídeo de diferentes cámaras a un mismo monitor.

El tiempo es graduable entre 0.2 segundos a 50 segundo. Hay secuenciales que pueden trasmitir la imagen de 4,6 y hasta 24 cámaras a un solo monitor. Algunos vienen con alarma.

DIVISOR DE PANTALLA

QUAD: Equipo que permite partir la pantalla en 4, 6, 8, 9 cuadrantes de acuerdo a la marca. En caso de alarma lleva a la pantalla plena la imagen de lo que sucede, varios tienen zoom.

VIDEO GRABADORAS:

Los hay en blanco y negro, a color, tiempos de grabación automático de 2 a 960 horas, formato en VHS, hora/fecha incluida, velocidad de control y memoria, graban desde 1 hasta 99 imágenes, de una cámara a mas de 12 cámaras, adaptadas a 12 VCD programables para grabar desde 2 segundos al activarse la alarma.

CONMUTADORES/CONTROLADORES

Incorporan controles automáticos a secuenciadores, pai/tilt, zoom desde 8 cámaras hasta 2048 cámaras y 512 monitores, distancias máximas 25.000 pies con 2 pares, ubicación de eventos rápidos o lentos.

ILUMINADORES INFRARROJOS

Desde 6,3 vatios hasta 1000 vatios, para interiores o exteriores, con voltajes de 12 VDC, 24 VDC, a 120 VDC.

PROTECTORES (HOUSING):

Para la protección de las cámaras CCD en usos exteriores, evitan la humedad haciéndolas impermeables. Hay de diferentes tipos y formas, lo mismo que pesos lo cual debe ser considerado para seleccionar el soporte o base de anclaje. Pueden escogerse discretas como lámparas o faroles o domos.

ROTOR Y CONTROL:

Este elemento consiste en un pequeño motor que permite el giro de la cámara en forma horizontal con un ángulo hasta 355 grados a través de un control de rotor manual o automático.

AMPLIFICADOR DE VIDEO

Cuando hay grandes instalaciones o distancias entre cámaras y el centro de monitoreo, se debe usar el amplificador el cual genera una alta ganancia en vídeo y audio al recuperar la resolución perdida por el cableado. Asegura una imagen clara en la pantalla todo el tiempo, sistema a color compatible con N T S C y el P A L.

PAN / TILT – ZOOM

Son los aparatos que al interconectarse con las cámaras CCTV permiten manual o automáticamente o a distancia moverlas lateralmente (pan) verticalmente (Tilt) y acelerar o alejar (Zoom) la imagen captada por la cámara.

8 SISTEMAS DE TRANSMISIÓN DE AUDIO A COMPUTADOR (DICAM)

Gracias a las últimas investigaciones y desarrollos tecnológicos, se han diseñado y fabrica equipos de transmisión de la imágenes captadas por cámaras CCD a través de línea telefónica, vía RF (radios V H F, U H F, H F) celular móvil o fijo a un equipo de recepción interconectado a un computador con un software permitiendo ver en el monitor, grabar en el disco duro o diskette y oír el audio captado en el lugar de los hechos, y luego imprimir las imágenes necesarias o programadas en la impresora correspondiente. Pueden quedar en diskettes como reportes de actividades y controles de vigilancia,

Con los resultados económicos y equipos anteriores necesarios, se puede diseñar y configurar un sistema CCTV, totalmente confiable y eficiente.

EQUIPOS INALAMBRICOS

Los sistemas de CCTV inalámbricos ofrecen lo último en tecnología audio- vídeo. La cámara CCD tiene un micrófono incorporado y un lente gran angular, el cual ofrece una excelente imagen aun en lugares oscuros, puede dar imagen en casi oscuridad total. El monitor portátil puede ser trasladado a oficinas, almacenes, bodegas, a exteriores, ofreciendo rápida libertad de movimiento y audio y video inmediato. Hay sistemas que ofrecen la posibilidad de conectarse a un televisor comercial para obtener una imagen en pantalla grande.

SISTEMA DE VÍDEO VIGILANCIA DIGITAL MULTICAM

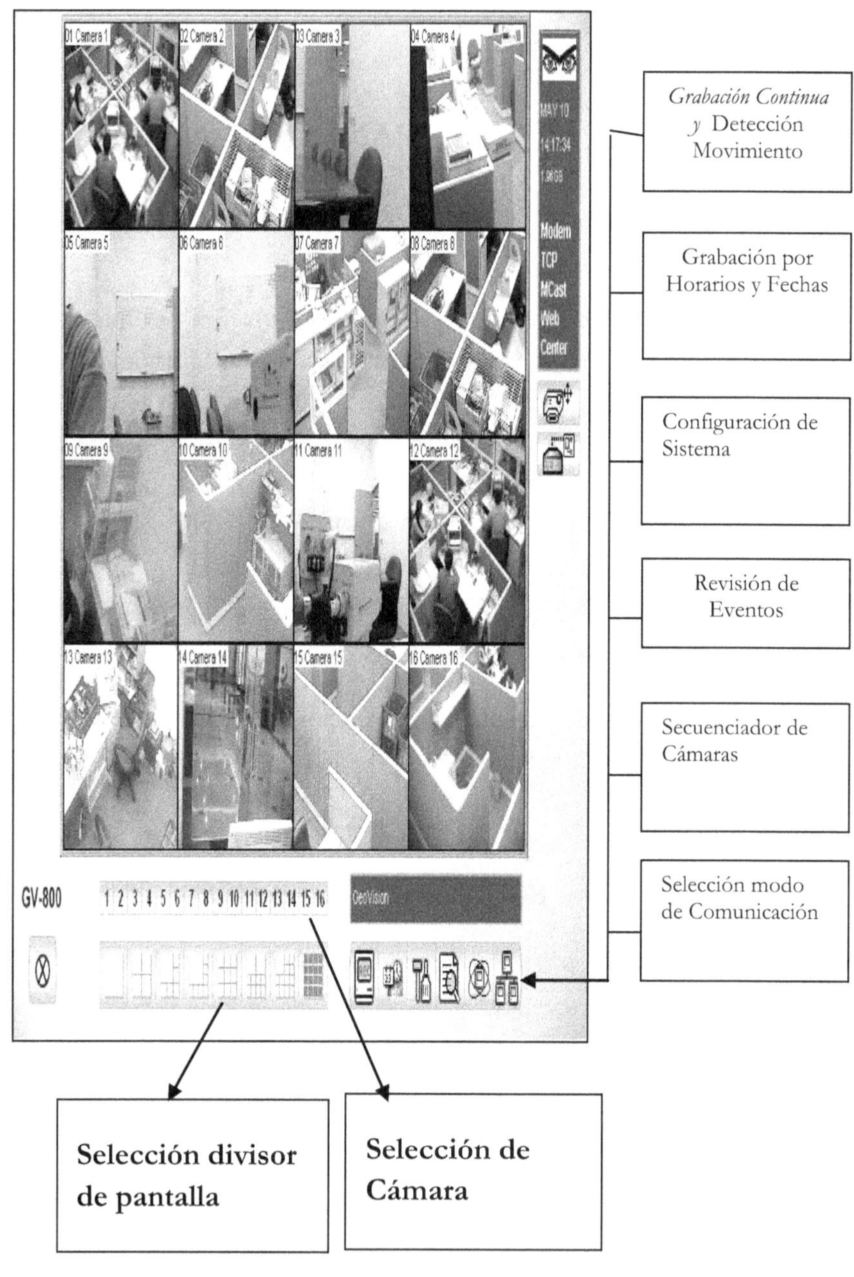

istema de vigilancia de vídeo multicanal que utiliza las más avanzadas tecnologías de compresión de vídeo digital para proporcionarle la mejor calidad de imagen y el mejor rendimiento de vídeo. La gama de productos comienza en el nivel básico hasta el producto insignias. Se pueden conectar hasta 16 cámaras y verlas en línea en una pantalla de monitor o a través de una red TCP/IP. El vídeo puede grabarse basándose en programas horarios/fechas definibles y/o por detección de movimiento. Los archivos de vídeo se pueden guardar en disco duro o en cualquier dispositivo de almacenamiento óptico utilizando.

Reproducción y supervisión remotas

Es un verdadero sistema de vigilancia en red. Nosotros ofrecemos una amplia gama de soluciones para reproducción y supervisión remotas. Las imágenes o los vídeos capturados pueden distribuirse con facilidad a cualquier ubicación remota mediante un entorno LAN/WAN o una conexión de Internet.

Tecnología Grabación Inteligente

La tecnología Grabación Inteligente distribuye automáticamente la velocidad de fotogramas a la cámara que más lo necesite, dependiendo de la alarma o detección de movimiento. Permitiendo una manera más eficiente de utilizar los recursos DVR.

Modos de Grabación

- Grabación por detección de movimiento

- Grabación de programación horaria

- Grabación programada

- Grabación por alarma

Detección de movimiento integrada

El detector de movimiento puede configurarse individualmente para cada cámara. La sensibilidad y el área de máscara pueden ajustarse de forma individual dependiendo de las condiciones del entorno. Proporcionando una detección precisa. Uso para conteo de objetos.

Control integrado PTZ

Las cámaras con capacidad PTZ pueden controlarse directamente desde el sistema de vigilancia o cualquier estación de trabajo de visualización remota. En el panel de control de la ventana de visualización de vídeo, se incluye un intuitivo control del movimiento. También la cámara puede ir a posición específica por activación de alarma. El sistema es compatible con las siguientes marcas y protocolos de PTZ: Canon VCC#, VCC$, Pelco, Ademco, Lilin, Digi, Dynacolor, Kalatel, Sansumg, Sony EVI-D100, PanasonicsWV-C5850, Mintron, Sensormatic.

Marca de agua digital

La marca de agua digital comprobará si la imagen es la capturada originalmente desde el sistema GV o no. Si la imagen capturada se ha modificado o alterado en forma alguna, el software indicará que la imagen está dañada y no la utilizará como una evidencia legítima.

Grabación de sonido

Con la adición de la grabación de sonido, ahora se puede grabar y reproducir audio y vídeo simultáneamente. Lo que le proporciona una idea mejor del evento capturado.

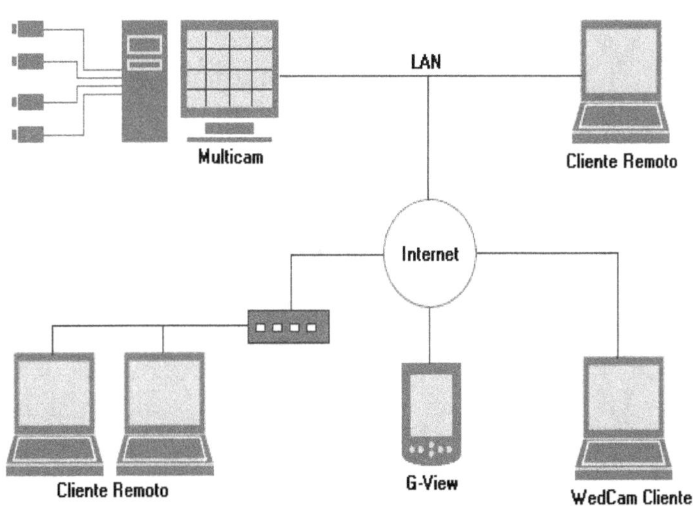

Tarjeta gráfica a tiempo real DSP

La tarjeta DSP es una tarjeta gráfica a tiempo real de alto rendimiento que funciona conjuntamente con la tarjeta de captura de la serie GV. Con la adición de la tarjeta DSP, puede visualizar vídeo en directo hasta 16 cámaras simultáneamente con calidad NTSC a 30 cps por cámara (tiempo real) desde un monitor de TV.

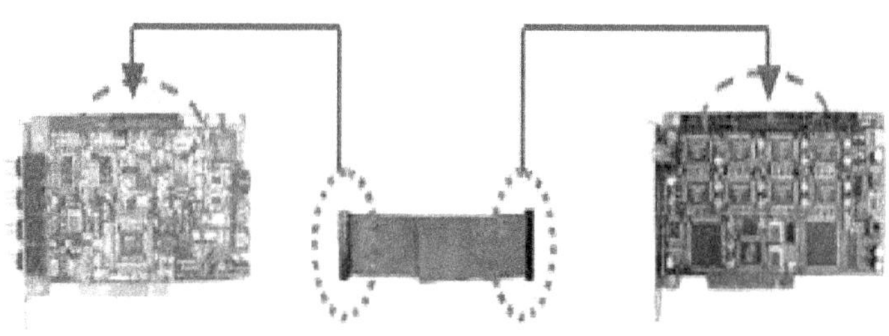

Tarjeta de grabación de sonido GV-A16

La tarjeta de audio le permite grabar audio junto con el vídeo capturado hasta 16 canales. Para ofrecer una mejor imagen del evento capturado, puede reproducir el sonido y el vídeo de forma sincronizada. Compatible con los sistemas GV-600, GV-650, GV-800 y GV-1000.

9 FALSAS ALARMAS

Las falsas alarmas son el cáncer de los sistemas de vigilancia electrónica. Es conveniente por lo tanto conocer algunas normas para evitar su segura y peligrosa ocurrencia. Se remienda tener a mano y cumplir las instrucciones del manual de instalación y operación del fabricante.

GUÍAS GENERALES

- Verifique que el equipo no presente señales de daño por el manipuleo mediante el transporte.

- Verifique el equipo después de ser instalado para determinar daños atribuibles al fabricante.

- Ajuste el nivel de sensibilidad para saber cómo funcionan ante condiciones drásticas.

- Evite o tenga en cuenta las áreas donde haya fuentes de generación electromagnética como transmisores, radares o motores, pues causan problemas en la operación de los equipos.

- Evite graduar la sensibilidad del sensor en su límite más alto. Esto causa falsas alarmas.
- Proteja contra la humedad y la lluvia el equipo instalado a la intemperie.

- Todo sensor de movimiento o vibración debe instalarse sobre una superficie firme.

• Compruebe la seguridad de todas las conexiones eléctricas.

• Una zona de detección exterior no debe sobrepasar los 100 metros lineales.

SENSORES DE PERTURBACIÓN DE BARRERA

• Los postes deben estar bien anclados y la malla templada.

• La base de la malla debe estar asegurada en concreto. Los árboles deben ser podados.

DETECTORES DE MICROONDAS

No debe haber obstáculos visuales entre emisor y receptor. El pasto debe ser cortado. Las zonas de detección deben traslaparse.

DETECTORES INFRAROJOS

• El piso debe estar nivelado, sin zanjas u obstrucciones entre las columnas de los detectores.

• El haz infrarrojo debe estar a un mínimo de 015 m del piso. Las zonas deben traslaparse.

DETECTORES DE CAMPO ELÉCTRICO

• Cuando se instalan sobre la malla perimétrica, ésta debe estar bien templada.

- Toda vegetación debajo del campo eléctrico debe podarse.

GEÓFONOS

Deben ser enterrados lejos de objetos que se puedan mover con el viento.

SENSORES DE LÍNEA TENSA MAGNÉTICA

- Ubicar la línea lejos de objetos anclados al suelo.

- Evitar las líneas de energía a lo largo de la línea enterrada.

- Cuando una línea debe cruzar bajo líneas de energía el cruce debe ser perpendicular.

DETECTORES ULTRASÓNICOS DE MOVIMIENTO

- No deben usarse en áreas con fuertes corrientes de aire.

- No deben apuntarse hacia grandes ventanales o puertas que puedan vibrar y producir alarmas.

- No deben apuntar unos a otros a menos que estén situados a más de 20 metros.

- No se deben instalar cerca de aparatos de aire acondicionado o ventiladores.

- Ubique los detectores a más de 3 m del teléfono o de cualquier equipo que produzca ruido.

DETECTORES DE MOVIMIENTO POR MICROONDAS

- No instale detectores a menos de 3 metros de lámparas fluorescentes.

- No los apunte a láminas o puertas metálicas que vibren al paso de vehículos o en el viento.

- No dirija los detectores hacia ventanas, paredes de madera o cualquier división que pueda ser penetrada por la energía y producir alarma al detectar movimientos en el exterior.

- No dirija los sensores hacia máquinas rotativas o equipos que pueden entrar en movimiento.

DETECTORES SÓNICOS DE MOVIMIENTO

Se debe considerar el hecho de que los detectores sónicos generan un tono audible de muy alta frecuencia que puede ser captado a considerable distancia, muy lejos del área protegida.

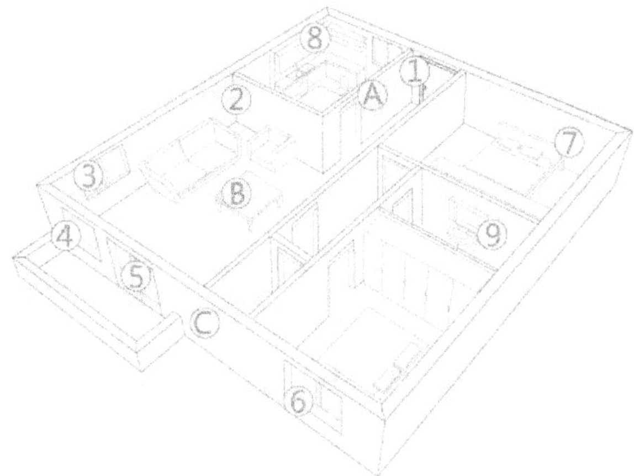

DETECTORES INFRAROJOS DE MOVIMIENTO

- Evite dirigir detectores hacia fuentes de calor que se estén prendiendo o apagando con cierta periodicidad. Evite dirigir los detectores hacia lámparas incandescentes.
- No monte los detectores sobre fuentes de calor.
- Evite dirigir los detectores hacia ventanas por donde entra la luz del sol.

DETECTORES DE AUDIO

Evite colocar los receptores del sistema de audio cerca a fuentes interiores de ruido.

DETECTORES DE VIBRACIÓN

Tanto los detectores de vibración estructural como los que protegen los vidrios deben estar bien asegurados a la superficie que están supuestamente protegido.

Los detectores de vibración estructural deben estar conectados a un circuito supervisor de pulsos que puede ser ajustado para que no produzca alarmas al primer simple impacto.

DETECTORES FOTOELÉCTRICOS

- Los emisores y receptores, así como los espejos deben montarse sobre superficies libres de vibración. No usar espejos con detectores más allá de 35 metros.

- Oculte transmisores y receptores para evitar al intruso. Esto a veces es más importante que contar con un buen sistema intrusión.

DETECTORES DE CAPACITANCIA O PROXIMIDAD

No utilice bloques de madera entre el objeto metálico protegido y el plano del piso.

El plano de referencia del campo debe estar bien aterrizado ara proveer un diferencial adecuado de potencia eléctrica entre el cuerpo metálico y el piso. Los tapetes de presión deben camuflarse para que no sean descubiertos por el intruso.

CIRCUITO CERRADO DE TV

Es un sistema de supervisión con capacidad para cubrir el más recóndito vericueto. Las cámaras que se encuentran en el mercado satisfacen cualquier necesidad: las hay fijas, móviles, con zoom, para uso en exteriores resistentes al sol y a la lluvia, con iluminación o encendido automático, con lentes gran angulares, teleobjetivo, en blanco y negro o color. Hay también, cámaras simuladas.

Las videograbadoras pueden mantener las imágenes y reproducirlas cuantas veces se quiera, en velocidad normal, vista estática o en cámara lenta. Esto es de gran ayuda en la descripción de un acto criminal. Se puede contar también con cámaras secuenciales que graban escenas a intervalos regulares recorriendo la instalación en rápida sucesión. La velocidad puede ajustarse o la cámara puede fijarse en un sitio específico.

Si la visibilidad es baja se puede usar película infrarroja.

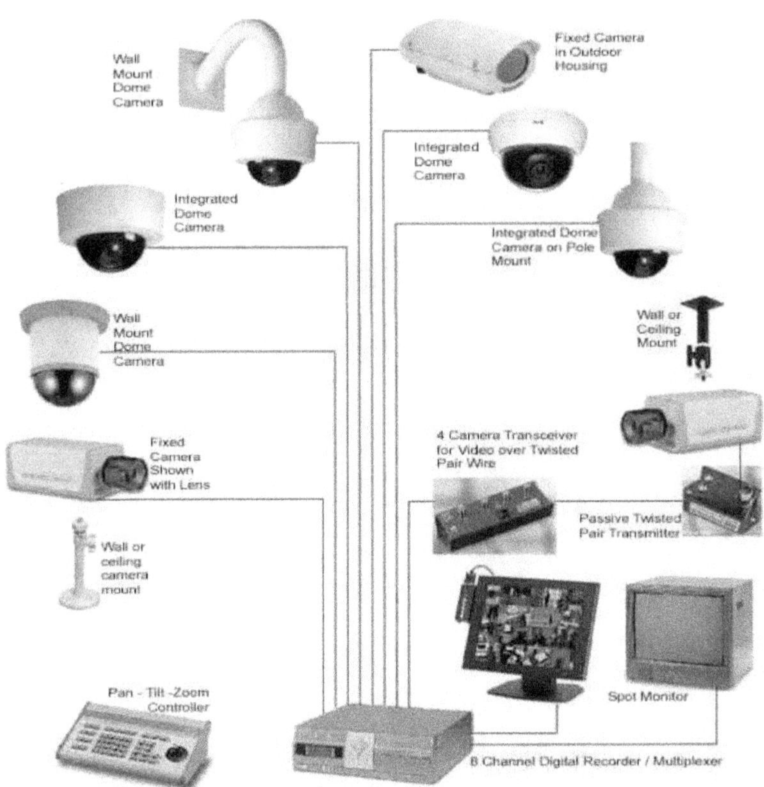

La variedad es inmensa. El sistema en principio parece excelente y en verdad que lo es, sobre todo cuando se piensa que un solo hombre frente a unos monitores puede atender la supervisión total logrando dos objetivos: economía de personal e incremento en el cubrimiento.

A pesar de las bondades y beneficios que brinda este tipo de vigilancia electrónica es necesario lanzar un aviso de cautela. El punto débil del sistema es el hombre. Su capacidad de concentración es mínima al cabo de dos horas; y después de un mes la monitoria es lo que menos le interesa. Para allanar el problema se debe contar con dos personas en turnos de 8 horas con el fin de revelarse cada dos horas.

10 CONOCIMIENTO Y EMPLEO DE EQUIPOS DE COMUNICACIÓN.

Empleo del radio.

El correcto uso del radio en las actividades de seguridad es muy importante, es igual al empleo de las armas de fuego, ya que va a permitir que el G.S. informe oportunamente cualquier situación de riesgo o anómala y solicitar el correspondiente apoyo comunicándose con la empresa o Supervisor.

NOMENCLATURA DEL RADIO

Existen diferentes tipos de radioteléfonos, dependiendo del modelo y la marca, los más usados en nuestro medio, son radios sencillos de emplear, por esto conoceremos los nombres de las partes que lo componen:

ANTENA – BASE DE LA ANTENA – PERILLAS: ENCENDIDO Y VOLUMEN – SELECTOR CANALES – LUZ INDICADORA – CONECTORES AUXILIARES – OBTURADOR: STAND BY Y P.T.T. – ALTA VOZ Y MICRÓFONO – BATERIA

CARGADOR – MANOS LIBRES

TECNICAS DE EMPLEO DEL RADIO

Antes de encender el radio, verifique que la antena y la batería estén bien colocadas y ajustadas.

Cuando vaya a efectuar el cambio de batería, apagar el radio y proceder al cambio. El ESCOLTA debe permanecer con el radio en forma permanentemente.

El volumen se debe mantener bajo, suficiente para ser escuchado por el operador.

Las transmisiones se deben efectuar por periodos cortos y concretos, se debe pensar y organizar el mensaje antes de transmitirlo, el tener obturado demasiado tiempo recalienta los circuitos y este calor se transmite a la batería descargándose rápidamente.

Al modular por el radio, este debe estar en posición VERTICAL, y separado de la boca a 2.5 cm aproximadamente.

No exponer el radio al agua, los circuitos se oxidan y se aíslan; No someterlo a temperaturas altas, el calor dilata los circuitos y pierden la presión aislándose y protegerlo del polvo.

No emplear el radio: - Bajo tormenta, este puede permanecer prendido, no se debe obturar

Bajo cables de alta tensión, estos crean una capa magnética e interfiere la señal, cuando hay fugas de electricidad puede causar lesiones personales al operador y/o daños en el radio. – Cuando se tenga sospecha de la presencia de explosivos, al obturar genera ondas y si el iniciador del explosivo es electrónico, este puede activar el artefacto explosivo. – Evitar los árboles, la copa de estos interfiere en la señal.

Si la frecuencia de el radio está ocupada, no transmita esto impide la comunicación de otros y la señal de su radio tampoco sale.

Contestar las llamadas oportunamente, en el programa esperar el turno.

Tener disciplina en las comunicaciones: - Utilizar un vocabulario decente. – No hacer bromas. – No jugar con el radio. - No emplearlo para asuntos personales.

Empleo técnico de las comunicaciones

INDICATIVOS: EMPRESA: COBRA BASE   -

SUPERVISOR: SUPERCOBRA

EL ALUMNO: COBRA 5

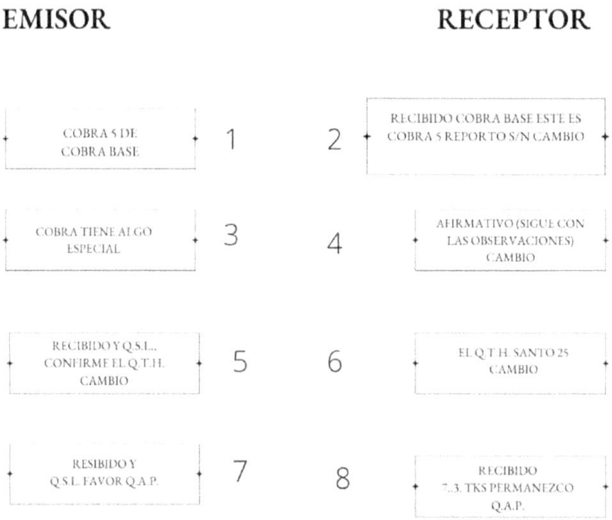

Emplear los códigos y las claves correctamente, identificarse con el indicativo asignado. Cuando la empresa tenga códigos, al emplearlos no de pistas. EJEMPLO: (VEHICULO: VENADO / INICIA: INDIO / DESPLAZAMIENTO:

DADO / CARRETERA:CAL / SITIO: SOL / para transmitir el mensaje El vehículo inicio desplazamiento por la carretera a su sitio, se debería decir: VENADO INDIO DADO CAL SOL, a los minutos, transmite, LE INFORMO. VENADO DETUVO DADO POR QUE SE PINCHO

De igual manera, las claves se deben emplear cuando una orden por radio se presenta dudas en quien la está transmitiendo, o cuando la orden se sale de lo normal, pero es lógica, se debe pedir autenticación, son de diferente tipo.

El operador o Supervisor da la Orden de permitir la entrada a su puesto de trabajo a un Funcionario de los servicios públicos, se tiene información de un daño (Ejemplo: Fuga de Gas en el sector), es lógica la orden, pero no es común que esta situación se presente, el receptor solicita le autentique la orden, si es Martes, "AUTENTIQUE LA ORDEN TANGO", el que emite o da la orden si es correcto, le contesta: "RECIBIDO, TANGO CINCO", si se encuentra en una situación delicada, siendo capturado por la delincuencia, debe contestar: "RECIBIDO TANGO DIEZ", con esta respuesta está informado que no debe cumplir la orden que se encuentra en situación de riesgo o amenazado, Ud. debe contestar, "RECIBIDO Y Q.S.L. ", y comunicarse con la empresa por otro medio.

OTRAS CLAVES

Se pueden emplear otras claves, como los sobre nombres, EJEMPLO: Escoger un sobre nombre como CARA PIÑA, al final de la transmisión por parte de quien emite la orden, dice "Q.S.L. CARA PIÑA", cuando escuche esta clave debe informar a la empresa la situación que se está presentando por otro medio diferente al radio y contestar "RECI- BIDO Y Q.S.L ".

CODIGOS

Existen diferentes códigos que son empleados por las instituciones como la Policía, Ejército, Fiscalía, D.A.S. entre otros; Cada empresa puede tener su propio código y es su deber aprenderlo y utilizarlo correctamente, conoceremos el Código de la "Q" y el Alfabeto Fonético conocido como código Alfa.

CODIGO DE LA "Q"

QAP: PERMANEZCA EN EL AIRE / ESTE ATENTO QSL: ENTERADO DE LA NOTA

QTH: LUGAR O SITIO DONDE SE ENCUENTRA QSO: PROGRAMA / REPORTE

OTROS CODIGOS

CODIGO	SIGNIFICADO	CODIGO	SIGNIFICADO
7 3	CORDIAL SALUDO	R.P.T.	REPITA POR FAVOR
W	NOMBRE	TKS	GRACIAS
R	RECIBIDO	O.K	OKEY – BIEN
M.O.	UN MOMENTO		

CODIGO ALFA / ALFABATO FONETICO

Este código es internacional y se emplea en la aéreo- navegación y es muy común en las autoridades del tránsito.

Consiste en coger las letras de una palabra y convertirlas en palabras. EJEMPLO:

DELINCUENTE Palabra de 11 letras la persona que emite coge las 11 letras y las convierte en palabras así:

DADO E: ELSA L: LOMA I: INDIO N: NIÑO

CARLOS U: UNION E: ELSA N: NIÑO T: TANGO E: ELSA

El que recibe la información, no coloca toda la palabra si no la primera letra DADO – Coge la D, ELSA – coge la E y así sucesivamente.

OTRO EJEMPLO: Transmitir las placas de un vehículo BUM 272=

BUQUE – UNION – MANO 2/7/2/ NUMERACION

Para la codificación de los números se emplea la clave MURCIELAGO, así:

MURCIELAGO Se colocan los números de 0 a 10 como Ud. desee debajo de la palabra, 1 6 3 8 5 4 7 0 2 9, para transmitir el Número 19´386.542, se dice:MORCUIEG.

Otra forma de transmitir los números cuando no reviste de una clasificación en la información, así:

01 PRIMERO / 02 SEGUNDO / 03 TERCERO / 04 CUARTO / 05 QUINTO / 06 SEXTO / 07 SEPTIMO / 08 OCTAVO / 09 NOVENO / 0 NEGATIVO

EJEMPLO: 19386542 Se transmite así: PRIMERO NOVENO TERCERO OCTAVO SEXTO QUINTO CUARTO SEGUNDO

Los siguientes signos se transmiten así: PUNTO/ - GUION/ (ABRA PARENTESIS/)CIERRA PARENTESIS   PUNTO SUSPENSIVO/

BIBLIOGRAFÍA

RAFAEL DARIO SOSA GONZALEZ

Oficial de la reserva activa del Ejercito Nacional. De COLOMBIA.

Después de su retiro ha desempeñado los siguientes cargos: director de Seguridad en Servicios (INDUSTRIAS ARETAMA Ltda.). Jefe de Seguridad (COLTANQUES Ltda.). Director Operaciones (MEGASEGURIDAD LA PROVEEDORA Ltda.) Gerente (Propietario) ESCUELA NACIONAL DE VIGILANTES Y ESCOLTAS (ESNAVI LTDA.), Coordinador Proyecto Seguridad Aeronáutica (COSERVICREA Ltda.), Coordinador de Seguridad Proyecto Aeronáutica (COLVISEG Ltda.).

En el área de la docencia: se ha desempeñado como Docente en el Instituto de seguridad Latinoamericana (INSELA Ltda.) Docente de la Escuela Colombiana de Seguridad (ECOSEP Ltda.) Como Consultor Seguridad, Asesoró en Seguridad en Empresas como: ADRIH LTDA, POLLO FIESTA Ltda., SEGURIDAD ATLAS Y TRANSPORTE DE VALORES ATLAS Ltda., SEGURIDAD SOVIP Ltda.

Entre los estudios realizados: Diplomado en Administración de La Seguridad (UNIVERSIDAD MILITAR NVA GRANADA), Diplomado en Seguridad Empresarial (UNIVERSIDAD SAN MARTIN-ACORE):Diplomado Sociología para la Paz, Derechos Humanos, negociación y Resolución de Conflictos (CIDE-CRUZ ROJA COLOMBIANA-ACORE) Diplomado en Gestión de la Seguridad (FESC-ESNAVI Ltda.) ,Programa maestro en Seguridad y Salud Ocupacional(CONSEJO COLOMBIANO DE SEGURIDAD), Liderazgo Estratégico en Dirección , Gerencia Estratégica en Servicio al Cliente(SENA) ,

Curso Seguridad Empresarial(ESCUELA DE INTELIGENCIA Y CONTRAINTELIGENCIA BG.CHARRY SOLANO),curso de Seguridad Electrónica básico (A1A), Curso Analista de Poligrafía (Pfisiólogo Poligrafista)Poligrafía Basic Voice Store Análisis (DIOGENES COMPANY),entre otros.

Adicionalmente se encuentra desarrollando Programa de entrenamiento para COACHES en INTERNACIONAL COACHING GROUP (ICG) Y DIPLOMADO PARA COACHING CRISTIANO (METODO CC).

Propietario de la Empresa Security Works www.sewogroup.com. Empresa al servicio de la seguridad y vigilancia privada en Latinoamérica. Actualmente se desempeña como director general SECURITY WORK S.A.S.

AUTOR: 20 Libros Colección de Seguridad entre otros Vigilancia Básico, Avanzada. Escolta Básico, Manual de Manejo Defensivo, Manual de Medios Tecnológicos, Manual Prevención Secuestro, Manual del Supervisor. Impresos con la Casa Editorial Security Works de Venta en todos los Países de Habla Hispana.

LOS TITULOS DE LA COLECCIÓN
SEGURIDAD PRIVADA

La colección Seguridad dirigida a profesionales de
Latinoamérica, Europa, Israel, etc.

PUBLICADOS

01. Manual Para la Vigilancia Privada Básico.
02. Manual Para la Vigilancia Privada Avanzado.
03. Manual Básico del Supervisor de la Vigilancia.
04. Manual Básico del Escolta Privado.
05. Manual Avanzado del Escolta Privado
06. Manual Seguridad Medios Tecnológicos
07. Manual de Manejo Defensivo.
08. Manual de Vigilancia y Contra vigilancia.
09. Manual de Antiterrorismo.
10. Manual de Seguridad Aeronáutica.
11. Manual de Seguridad sin Recursos.
12. Manual de Seguridad Canina.
13. Manual de Seguridad residencial.
14. Manual de Autoprotección Secuestro
15. Manual de Seguridad Hotelera
16. Manual de Seguridad Hospitalaria
17. Manual de Seguridad Comercial
18. Manual de Seguridad Bancaria
19. Manual de Seguridad Empresarial
20. Manual del Directivo de Seguridad

Visite:

www.sewogroup.com

Representantes y
Distribuidores Visite
la web:
https://www.amazo
n.com

SOBRE EL AUTOR:
RAFAEL DARÍO SOSA GONZALEZ

Oficial de la reserva activa del Ejercito Nacional. Después de su retiro ha desempeñado los siguientes cargos: Director de seguridad COLTANQUES , Gerente SAFE GUARD PROTECTION DEFENSA CIVIL Zona Industrial las Granjas, Director de seguridad en Servicios INDUSTRIAS ARETAMA ,Docente Instituto de seguridad Latinoamericana (INSELA-ECOSEP), Asesor Área Capacitación en Seguridad ADRIH LTDA, Asesor de Seguridad en Empresas como: Pollo Fiesta Ltda., Seguridad ATLAS Y TRANSPORTE DE VALORES ATLAS, Gerente(Propietario)Escuela Nacional Vigilante y Escoltas ESNAVI LTDA.

Entre los estudios realizados: Diplomado en Seguridad Empresarial, Diplomado en Gestión de la Seguridad , Maestría en Seguridad y Salud Ocupacional, Liderazgo Estratégico en Dirección, Gerencia Estratégica en Servicio al Cliente, curso de Seguridad Electrónica, Curso Basic Voice Store Análisis.

www.ingramcontent.com/pod-product-compliance
Lightning Source LLC
Chambersburg PA
CBHW071925120726
48001CB00005B/1875